CUENTOS Y LEYENDAS
DE LAS MATEMÁTICAS

© Del texto: Vicente Muñoz Puelles, 2017
© De las fotografías: Archivo Anaya
(Hernández Moya, B.; Martin, J.;
Osuna, J.; Redondo, M.)
© De esta edición: Grupo Anaya, S. A., 2017, 2026
Valentín Beato, 21. 28037 Madrid
www.anayainfantilyjuvenil.com

Diseño: Gerardo Domínguez
Ilustración de cubierta: Max Hierro

1.ª edición: septiembre de 2017
11.ª reimpresión: febrero de 2026

ISBN: 978-84-698-3360-5
Depósito legal: M. 20881/2017
Impreso en España - Printed in Spain

Las normas ortográficas seguidas son las establecidas por la
Real Academia Española en la nueva *Ortografía de la lengua española*,
publicada en el año 2010.

Reservados todos los derechos. El contenido de esta obra está protegido por la Ley, que establece penas de prisión y/o multas, además de las correspondientes indemnizaciones por daños y perjuicios, para quienes reprodujeren, plagiaren, distribuyeren o comunicaren públicamente, en todo o en parte, una obra literaria, artística o científica, o su transformación, interpretación o ejecución artística fijada en cualquier tipo de soporte o comunicada a través de cualquier medio, sin la preceptiva autorización.

CUENTOS Y LEYENDAS
DE LAS MATEMÁTICAS

Vicente Muñoz Puelles

ANAYA

CONTENIDO

1. LA INVENCIÓN DE LOS NÚMEROS 11
   El bastón de Ishango
   (*Las primeras representaciones de números*) 13
   Al principio no había números
   (*Mitología africana*) 16
   La niña que convirtió los guijarros en números
   (*Sobre un relato de Rudyard Kipling*) 21
   Los pájaros que silbaban los números
   (*Inspirado en un cuento de Jürg Schubiger*) 25

2. EL ORDEN DE LOS NÚMEROS 27
   La torre del dios Tot
   (*Mitología egipcia*) 28
   Una simplificación necesaria
   (*La numeración romana*) 32
   La leyenda del cero
   (*Una leyenda india*) 36
   En busca del cero
   (*Las representaciones más antiguas*) 38

3. INSTRUMENTOS MATEMÁTICOS 41
   Nudos, quipus y ábacos
   (*Los instrumentos más antiguos*) 41

Un concurso de velocidad
(Relato basado en hechos reales) 44

4. NÚMEROS MÁGICOS 49
   Pitágoras y las habas
   (Los atributos de los números) 51
   Tres, siete y trece
   (Simbología y superstición) 56
   Siete bogatirs
   (Antiguo cuento ruso) 59

5. CÁLCULOS GEOMÉTRICOS 63
   El misterioso número pi
   (La constante matemática más famosa) 64
   La cuadratura del círculo
   (Una verdad equivocada) 65
   El papiro Rhind
   (Un problema de gatos) 67

6. JUEGOS DE REYES 71
   El juego real de Ur
   (Un antiquísimo juego de mesa) 72
   Tres en raya
   (Orígenes del juego más popular) 75
   La invención del ajedrez
   (Leyenda oriental) 76

7. ANIMALES CALCULADORES 83
   Hans el listo 84
   El contador de pasos de las hormigas 89

8. HISTORIAS DE MATEMÁTICOS 93
   La leyenda de Hipatia 93

Ramanujan 96
El matemático que nunca existió 98

9. NÚMEROS EN EL ESPACIO 105
Un mensaje en una sonda espacial 109

Apéndice: Las matemáticas 113

Algunos prestidigitadores dicen que el número mágico es el tres, y otros dicen que es el número siete. Pero créeme cuando te digo que no es ninguno de esos dos. El verdadero número mágico es el uno.

CHARLES DICKENS (*Oliver Twist*)

Las matemáticas no solo poseen la verdad, sino también la belleza suprema. Es una belleza austera y fría, como la de la escultura.

BERTRAND RUSSELL (*Historia de la filosofía occidental*)

Arquímedes será recordado cuando Esquilo haya sido olvidado. Los idiomas mueren, pero las ideas matemáticas sobreviven.

G. H. HARDY (*Autojustificación de un matemático*)

1
La invención de los números

Las matemáticas empezaron con la invención de los números. La necesidad de contar del hombre prehistórico era algo limitada, como la de los pueblos cazadores y recolectores que perduran en nuestros días: los bosquimanos de África del Sur, los inuit de las regiones árticas de América o los aborígenes de Australia o de Nueva Guinea.

Algunos de esos pueblos carecen de nombres para los números superiores al dos, el tres o el cuatro. Tras mencionarlos, hacen un gesto vago y dicen «muchos» o «muchísimos», como si les incomodara la precisión. Eso parece deberse al hecho de que viven en grupos familiares reducidos y tienen pocas posesiones, con las que se desplazan de un campamento a otro.

También suelen carecer de palabras específicas para representar conjuntos de seres vivos o de objetos. Algunos son excelentes botánicos, capaces de reconocer y nombrar cientos de especies de árboles que crecen en su entorno, pero no conciben una palabra genérica que signifique árbol o bosque. Y perciben infinitos matices del verde, pero precisamente por eso les cuesta imaginar una única palabra para designar ese color.

Cuando se insiste y se les pregunta cuántos antílopes hay en un rebaño, por ejemplo, reaccionan con desdén o se encogen de hombros. Es probable que los hombres prehistóricos mostraran esa misma reacción, cuando se les preguntaba con insistencia cuántas piezas de caza habían abatido.

Al principio, nuestros antepasados tampoco tenían un interés especial en medir el tiempo. En la sencilla sociedad de las bandas de cazadores no había necesidad de ser exacto. Un día, un ciclo lunar, una generación, bastaban para situar un acontecimiento. «La mañana en que capturamos dos focas» o «cuando un león mató a Ekola» eran referencias suficientes.

Pero, hace unos 10 000 años, la situación cambió. Las bandas nómadas de cazadores del Neolítico se asentaron en los valles de los grandes ríos, como el Nilo, en Egipto; el Tigris y el Éufrates, en Asia occidental; el río Amarillo, en el centro de China, y el Yangtsé, el más largo de China y del continente asiático. Allí se dedicaron a la agricultura y a la cría de animales domésticos.

Pronto se hizo evidente la necesidad de contabilizar los días y las estaciones, de calcular las fechas de la siembra y de la cosecha, de prever las cantidades de grano y de semilla que debían almacenarse, de parcelar las tierras, de comprar y vender, de construir casas, de pagar impuestos y de dejar una herencia para los hijos.

Todas estas obligaciones requerían que se diese nombre a los números y que se elaborara la operación de contar, más allá de las nociones rudimentarias de «uno» y de «muchos».

1. La invención de los números

EL BASTÓN DE ISHANGO
(Las primeras representaciones de números)

Un día especialmente caluroso de 1960, el geólogo y explorador belga Jean de Heinzelin, que por entonces tenía cuarenta años, estaba removiendo con una paleta el suelo de Ishango, junto al lago Eduardo, no muy lejos de las fuentes del Nilo. El lugar estaba lleno de huesos, prueba de un asentamiento humano que él mismo había datado hacía 10 000 años, y que había sucumbido trágicamente a causa de la erupción de un volcán cercano.

El trabajo era lento y minucioso, y el salacot[1] de corcho cubierto de lona que llevaba puesto no bastaba para protegerle del calor. Sudaba a chorros, y ya estaba pensando en descansar y darse un buen baño en el lago cuando la paleta tropezó con un hueso marrón. Rascó alrededor con cuidado y luego usó el cepillo, para extraer y limpiar lo que parecía ser el peroné de un babuino[2].

Hasta ahí, el hallazgo carecía de interés, porque peronés de babuinos se encontraban todos los días. Pero, cuando Heinzelin se secó el sudor de la frente y de los ojos, tuvo un sobresalto y notó que se le erizaba el vello de la nuca.

---
[1] Utilizado en países cálidos, el salacot es un sombrero ligero de copa redondeada, hecho generalmente con tiras de palma que se ajusta a la cabeza mediante un aro interior, distante de los bordes para dejar circular el aire.
[2] El *peroné* es el hueso más externo y delgado de los dos que unen la rodilla con el pie. El *babuino* es un mono de pelaje denso, cola corta, callosidades glúteas coloreadas, hocico alargado y grandes dientes caninos; es omnívoro y vive en zonas de vegetación descubierta de casi toda África.

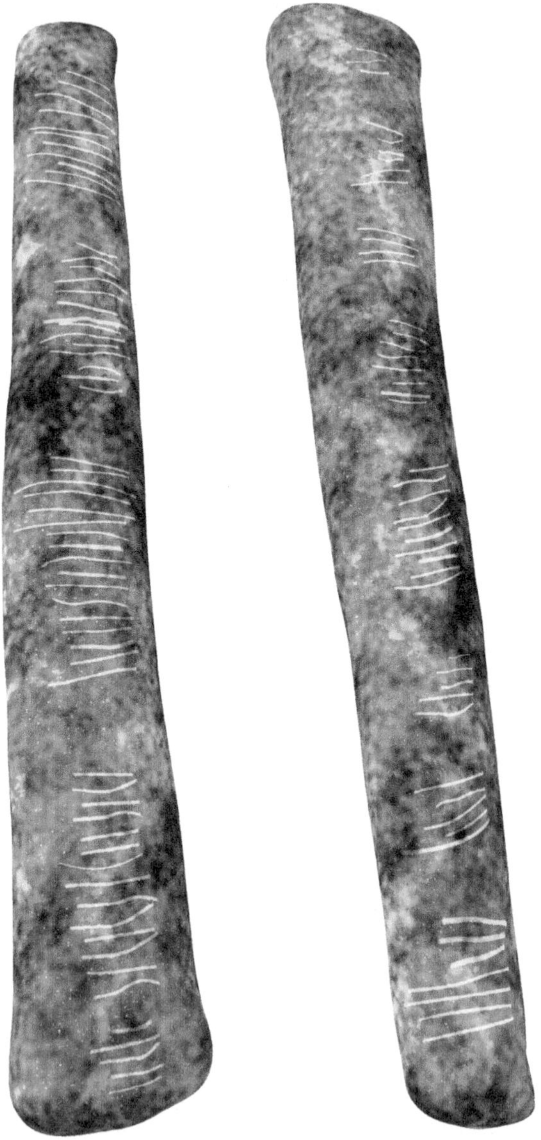

Bastón de Ishango. *Utensilio de hueso que data del Paleolítico Superior (c. 20 000 a. C.). Fue hallado en la zona africana que le da nombre.*

1. La invención de los números

El hueso mostraba una serie de marcas repartidas en columnas, lo que lo convertía en un objeto insólito. Heinzelin se irguió y acudió a cobijarse bajo la sombra de un toldo. Al principio supuso que se trataba de una simple vara de contar, una especie de elemental regla de cálculo. Pero, a medida que examinaba el hueso, su asombro aumentaba, y sus conocimientos matemáticos se ponían a prueba.

Una de las columnas de marcas del peroné empezaba con tres muescas, que luego se duplicaban y se convertían en seis. Cuatro muescas se convertían en ocho. Diez muescas se dividían por dos, y quedaban cinco.

Aquellas secuencias parecían indicar una aproximación a las nociones de multiplicar y dividir por dos. Aún más chocante era el hecho de que los números de otras columnas eran todos impares. Una columna contenía solo números primos, esto es los números que únicamente pueden dividirse por ellos mismos y el uno. Y la suma de los números de cada columna daba como resultado 60 o 48, dos múltiplos de 12.

El hueso de Ishango, que hoy está expuesto en una vitrina del Real Instituto de Ciencias Naturales de Bélgica, en Bruselas, dio a Heinzelin fama universal entre los antropólogos. Aunque el misterio de su significado permanece sin resolver, y seguramente así será mientras no se encuentren otros objetos similares, se considera que constituye el primer paso dado por el hombre hacia la representación de los números y las operaciones matemáticas, hace entre 15 000 y 20 000 años.

AL PRINCIPIO NO HABÍA NÚMEROS
(Mitología africana)

Cuentan los azande de Zandelandia, al norte del África central, que al principio no había números. Esa época, dicen, duró mucho tiempo. Pero, como no había números, no podemos cuantificarla. Lo único que sabemos a ciencia cierta es que los azande andaban tristes y cabizbajos, porque tenían la impresión de que el tiempo se les escapaba de las manos y carecían de control sobre él. O se movía muy deprisa, como una gacela o un guepardo, y se veían incapaces de atraparlo, o se quedaba quieto, encerrado en sí mismo, como un pangolín[3] o un erizo, y les ocultaba sus secretos. Unas veces, el día pasaba como un soplo, y otras se hacía largo e interminable. Como aún no había números, eran incapaces de medir el tiempo con precisión.

El resultado de todo aquello fue que las cosechas de los azande se estropearon. Ni siquiera eran suficientemente previsores como para conservar el fuego, que una noche ventosa se les apagó sin remedio.

---

[3] Mamífero de cuerpo alargado, con el cuerpo protegido por escamas córneas duras y puntiagudas que puede erizar, especialmente cuando se arrolla en bola como defensa; tiene el hocico puntiagudo y una lengua muy larga y pegajosa. El pangolín vive en Asia y África.

1. La invención de los números

Las aves y los insectos, que se arrimaban a las fogatas de los azande para calentarse, se reunieron y acordaron remontar el cielo para pedirle unas brasas al Creador.

Cuatro animales se ofrecieron como voluntarios: el buitre, el águila pescadora, el cuervo y la avispa alfarera.

¿Qué es una avispa alfarera?, me preguntaréis. La avispa alfarera, el insecto más industrioso de África, tiene las alas azules, el abdomen amarillo y las patas listadas. Construye sus nidos de barro en cualquier lugar, preferentemente cerca del fuego: techos, paredes y estacas. Pone sus huevos, coloca a su lado unas larvas de las que se alimentarán sus descendientes cuando nazcan y se va. Los huevos eclosionan y las crías abren las celdillas. Eventualmente, las nuevas avispas construirán nidos como sus padres, a quienes nunca vieron.

Los cuatro animales se despidieron de las demás aves e insectos, y echaron a volar hacia lo alto. Al cabo de diez días, unos huesos cayeron del cielo. Eran los del halcón, que se había calcinado al pasar junto al sol.

Pasaron diez días más, y los robustos huesos del águila pescadora se rompieron al chocar contra el suelo. Diez días más, y los pequeños huesos del cuervo se desparramaron por toda Zandelandia.

La avispa alfarera continuó volando sola durante otros treinta días. A ratos descansaba en las nubes, pero tenía dificultades para llegar a lo más alto.

Al enterarse de que la avispa estaba tan cerca, el Creador se levantó de su trono y descendió unos peldaños.

—¿Dónde vas, avispa alfarera? —le preguntó.

—A ningún lugar en particular —contestó la avispa—. Todos mis amigos han perecido, pero yo sigo adelante, porque tengo una misión. Busco al Creador de todas las cosas, para pedirle un poco de fuego. El hombre, que lo custodiaba, lo ha perdido. Y las avispas alfareras, que vivimos con él, lo necesitamos para calentarnos.

El Creador se apiadó de la avispa.

—Yo soy el Creador de todas las cosas —dijo—. Te daré el fuego que me pides. Y, como has llegado tan lejos, en el futuro mandarás sobre todas las aves y todos los insectos.

—No quiero parecerte desagradecida —replicó la avispa—, pero he de pedirte otra cosa. Los azande están desorientados. No saben medir el tiempo y sienten como si se les escapara. Se han vuelto increíblemente descuidados. Pierden las herramientas que han fabricado y sus cosechas se estropean, porque no tienen en cuenta el ciclo de las estaciones. ¿No podrías ayudarles, como has hecho conmigo?

Las carcajadas del Creador retumbaron en el cielo.

—En verdad eres atrevida, avispa alfarera —dijo—, pero tu atrevimiento me hace gracia. Además, me agrada que no pidas para ti misma, sino para los demás. Personalmente tengo una pobre opinión de los hombres, pero te ayudaré. Voy a darte una tablilla con los dichosos núme-

1. La invención de los números

ros. Cuando llegues a la Tierra, planta una estaca en el suelo y cópialos al pie, de la manera que te indico.

El Creador se apoyó en una nube, trazó unas líneas en el aire y le enseñó cómo construir un reloj de sol horizontal.

La avispa alfarera tomó la tablilla con los números que le entregó el Creador, colocó unas brasas sobre ella y regresó a la Tierra con cuidado, protegiéndolas de los vientos para que no se le apagaran y procurando que no le quemasen las patas.

Los azande la vieron llegar y se sintieron avergonzados. ¡Tan torpes eran que hasta una avispa alfarera tenía que ayudarles! El hechicero de la tribu tomó las brasas y las avivó.

—Gracias, ¡oh, avispa! —le dijo—. Puedes pedirnos cualquier cosa a cambio.

—Solo quiero que me dejéis construir mi nido de barro donde quiera.

—¿No es lo que has hecho siempre? —le preguntó el hechicero.

—Sí, pero ahora quiero que se castigue a quien me rompa el nido.

—Se hará como dices —asintió el hechicero.

La avispa alfarera plantó la estaca en la que iba a construir su nido, y con el extremo de sus patas trazó las líneas que había dibujado el Creador.

Luego copió los números, para que desde entonces en adelante los hombres pudieran medir las sombras, y saber en qué momento del día se encontraban.

Y así fue cómo llegaron a la Tierra, al mismo tiempo, el primer reloj de sol y los primeros números.

* * *

¿Qué surgió primero, la escritura o los números? Algunos creen que ocurrió al mismo tiempo, y que al fin y al cabo todo son símbolos. Otros cuentan, en cambio, que con la invención de la escritura hubo que dar el paso siguiente. Había que escribir los números, que aún no existían. Por supuesto que uno puede inventar palabras para designar los números y prescindir de símbolos gráficos o guarismos. Es posible decir cinco sin necesidad de escribir 5. Pero ya desde el principio los escribas que garabateaban cuentas en las tablillas de barro de Mesopotamia notaron que los números tienen la peculiaridad de estar ordenados. Había una forma determinada de contar números, y cualquier número podía definirse contando hasta llegar a él.

Así, si representamos el número uno por una muesca, el dos por dos muescas y el tres por tres muescas, podemos determinar el número indicado por un símbolo dado. Veintinueve muescas equivalen al número 29, independientemente del sonido que en un idioma u otro se emplee para representarlo.

LA NIÑA QUE CONVIRTIÓ LOS GUIJARROS EN NÚMEROS
(Sobre un relato de Rudyard Kipling)

Érase, en los tiempos más remotos, un hombre neolítico[4] que tenía una hija. No era ni español, ni francés, ni siquiera bosquimano, porque aún no existían naciones ni pueblos. Era un primitivo, como lo eran todos por entonces, y vivía en una caverna a orillas del mar, que les proporcionaba, a él y a su tribu, toda la comida que necesitaban. Se llamaba Apari, que significaba padre en su idioma, y su hija se llamaba Akala, o sea loro, porque parloteaba sin cesar.

Cierto día, Apari y Akala bajaron hasta la playa rocosa. El sol se levantaba sobre el horizonte y el cielo se aclaraba. En momentos así, Akala solía imaginarse que una mujer recostada bajo el horizonte alzaba una antorcha, y que esa mujer era su madre, a quien él no había llegado a conocer.

Mientras la muchacha observaba las piedras refulgentes de la orilla, su padre subió a una roca y desde allí arrojó su lanza con fuerza contra un pez alargado, de escamas azules, que nadaba en aguas someras. El pez se alejó sin un rasguño, y la lanza, que era de madera y tenía en la punta unos afilados dientes de tiburón, se partió contra las rocas del fondo.

---
[4] El Neolítico se sitúa aproximadamente en el 10000 a. C. Se caracteriza por la aparición de la agricultura y la ganadería; el desarrollo del sedentarismo y la aparición de los primeros poblados; la utilización de la piedra pulida y de la cerámica, y la construcción de monumentos megalíticos.

Apari recogió los pedazos. Se sentó en la roca y abrió un zurrón, que contenía lo necesario para reparar la lanza. Iba a reforzarla con tendones y tiras de piel cuando encontró un sedal con un anzuelo de hueso y decidió probarlo. Unas quisquillas le sirvieron de cebo. La suerte le fue propicia, y poco después ya había atrapado un pez. Le extrajo el anzuelo y se lo entregó a Akala, que lo dejó, como siempre hacía, en una concavidad de la roca que la marea había llenado de agua.

Apari pescó otro pez, y luego otro más, y Akala los fue colocando en la poza, porque le gustaba ver cómo nadaban. Al principio parecía un juego. Cada vez que soltaba un pez en la poza, ponía un guijarro al lado. Cuando tuvo tres peces, empezó a colocar los más recientes en otra poza, para que no tropezaran unos con otros, y puso al lado nuevos guijarros.

Al final, cuando su padre se cansó de pescar, había una poza con tres peces y otra con cuatro, y siete guijarros en total, aunque no tenían nombre para el tres, ni para el cuatro, ni mucho menos para el siete. Akala se estremecía de orgullo. «Cada guijarro, un pez. Cada guijarro, un pez», se repetía a sí misma. Sabía que aquella idea era importante, pero no hasta qué punto.

—¿Qué dices? —le preguntó su padre.

—Cada guijarro, un pez —volvió a decir Akala, y señalaba alternativamente los peces y los guijarros.

Apari reflexionó. Juntaron los peces en una sola poza y colocaron los guijarros juntos. Pero

1. La invención de los números

no sabían qué significaba aquello y, como empezaban a sentir hambre, cogieron los peces y se los llevaron a la caverna, para cocinarlos y compartirlos con la tribu.

Apari y Akala habían empezado a contar. Sin embargo, aún no habían nacido los primeros números. Eso ocurrió otro día. Al pasear por la orilla, Akala descubrió unas marcas estrelladas en la arena, que eran huellas de pájaros de distintos tamaños. Quiso copiarlas, pero la marea se las borraba.

—Papá —le dijo a Apari—, he visto cómo los mayores dibujan en las paredes de la caverna algunas escenas de caza y de pesca, con el hollín de las fogatas. ¿Podría también tener un poco de hollín para mí?

—No veo por qué no —asintió Apari, y le dio una astilla carbonizada que, mezclada con grasa, hacía las funciones de un lápiz.

Akala tomó los guijarros más planos. Hizo varias pruebas y acabó dibujando en cada uno de ellos una huella estrellada. La primera huella tenía un solo dedo, la segunda dos, la tercera tres, y así hasta la novena, porque en el guijarro número nueve no cabían más dedos.

Luego, cuando su padre volvió a pescar y ella soltó los peces en las pozas, asignó un número a cada uno.

Desde entonces Akala fue a todas partes con su lápiz, poniendo números a todas las cosas.

* * *

Según se cree, algunos pueblos antiguos utilizaban una base de dos para contar. Es decir, solo usaban dos guarismos, el uno y el dos, y el resto de números eran combinaciones más o menos elaboradas, que nacían por un simple proceso de adición o suma. El tres era un dos más uno; el cuatro, un dos más dos; el cinco, un dos más dos más uno.

Algunas tribus astralianas aún usan ese sistema, que se conoce como binario. Curiosamente, los ordenadores se basan en un sistema parecido. Las palabras que estás leyendo se grabaron en un ordenador usando un código de unos y ceros.

A medida que se convertían en campesinos y constructores, las gentes más avanzadas aumentaron su límite básico para contar. Muchas, utilizaron los dedos de la mano como instrumentos de cálculo y así contaron hasta 10, que es la base de nuestro sistema decimal.

A veces incorporaban los dedos de los pies, con lo que llegaban al veinte. Y, si seguían en un orden determinado, podían contar las muñecas, los codos, las axilas, los pezones, el ombligo y las rodillas. El recuento se hacía mentalmente. Así, por ejemplo, en vez de atribuir una palabra al número 29, bastaba con recordar que la cuenta se había detenido, por ejemplo, en la rodilla izquierda.

El propio cuerpo era, en cierto modo, un conjunto de números, porque todos los números estaban presentes en él. Había una boca, dos ojos, tres partes principales, cuatro extremidades, 32 dientes permanentes, 206 huesos...

LOS PÁJAROS QUE SILBABAN LOS NÚMEROS
(Inspirado en un cuento de Jürg Schubiger)

Hace mucho tiempo, más del que podemos imaginar, había pájaros que se sabían los números de memoria. No es que agruparan las cosas y las contaran, y que dijesen, por ejemplo: «En este árbol hay tres nidos» o: «Se me han caído cuatro plumas» o «He desayunado cinco gusanos». Simplemente, sabían los nombres de los números y los silbaban desde las ramas: uno, dos, tres, cuatro, cinco, seis, siete, ocho, nueve, etc., y así hasta que perdían la cuenta, porque se distraían con cualquier cosa, el vuelo zigzagueante de una mariposa o la sombra fugaz de un águila, pero se recuperaban enseguida y entonces volvían a empezar: uno, dos, tres...

No eran loros, como cabría esperar, ni otros pájaros imitadores como los arrendajos, sino una bandada heterogénea, compuesta de jilgueros, pardillos, mirlos y estorninos. Llegaban hasta el número sesenta, quién sabe por qué, y a partir de ese número contaban al revés: cincuenta y nueve, cincuenta y ocho, cincuenta y siete...

Una vez, un hombre que pasaba por el bosque oyó los silbidos y se asustó al advertir que los emitían unos pájaros. Le impresionaba aquella retahíla de números, que no se refería a ningún objeto y que inundaba el bosque como un bordoneo de abejas.

El hombre corrió hasta su aldea, se colocó en el centro de la plaza mayor y gritó:

—¡En el bosque hay unos pájaros que silban los números, hasta el sesenta, y encima saben decirlos al revés!

Pero la gente de la aldea no le creyó, porque se trataba del mismo hombre que en anteriores ocasiones había anunciado: «¡Que viene el lobo!», sin que se presentara lobo alguno.

—¡Venid a escucharlos vosotros mismos! —les rogó.

—¡Quia! —le dijeron—. Te creeremos cuando nos traigas alguno de esos pájaros silbadores de números.

El hombre regresó al bosque con una red muy grande, de esas que se usan para proteger los campos de la voracidad de los pájaros.

—¡Uno! ¡Dos! ¡Tres! ¡Cuatro! —empezó a silbar para que acudiesen.

Pero, quizá porque habían visto la red, permanecieron mudos y no acudieron a su llamada.

Al verle volver sin ningún pájaro, los habitantes de la aldea se burlaron de él.

—¡Cincuenta y nueve, cincuenta y ocho, cincuenta y siete...! —le decían.

Desde entonces el hombre va cada tarde al bosque, con la red al hombro. Busca a los pájaros matemáticos, pero aún no los ha encontrado.

2
El orden de los números

Tanto si contaban en el sistema binario como en el decimal o en cualquier otro, los comerciantes de las primeras civilizaciones utilizaban guijarros amontonados en el suelo, para representar los números durante las transacciones. Esas cuentas eran tan efímeras que se desvanecían en cuanto acababa la operación, y los guijarros cambiaban de sitio. Para fijarlas en el tiempo, y las transacciones más importantes necesitaban ser registradas y conservadas, se pasó a la notación escrita, en barro húmedo, en piedra, en papiro, en tela, en piel, en tablillas de cera, en la concha de una ostra, en el caparazón de una tortuga o en cualquier otro material más o menos perdurable. De la notación escrita brotarían las ideas de la aritmética y el álgebra modernas.

Los antiguos babilonios carecía de un símbolo para el cero, lo que dificultaba la notación. Es una confusión similar a la que hoy sentiríamos si los números 12, 102 y 1002 no tuvieran ceros que los diferenciaran. Para compensar la ausencia, dejaban un espacio donde debía estar el cero. Pero costaba distinguir el número de espacios en las tablillas de barro. Finalmente, inventaron un símbolo, en forma de dos cuñas, para marcar el vacío entre sus dígitos, que se leía como «varios».

LA TORRE DEL DIOS TOT
(Mitología egipcia)

Contaban los antiguos egipcios que el arte de la escritura de palabras y números lo inventaron Tot, dios egipcio de la sabiduría, y su principal esposa, Seshat, señora de los libros y de las cuentas y diosa de la historia.

Tot, a quien se le solía representar con cabeza de ibis o como un babuino con cara de perro, fue muchas cosas: fundador de las artes y las ciencias, desde la aritmética y la arquitectura a la magia, la música y la literatura; patrón de los escribas, inventor de todas las palabras y del lenguaje articulado; dios lunar medidor del tiempo, gran maestro de las ceremonias que transformaban a los muertos en espíritus, pesador de las almas... Su mayor temor era que los mortales olvidasen toda la tecnología y el conocimiento que había adquirido y desarrollado. Por eso concibió la idea de anotar en los papiros, y en las paredes de palacios, y templos un registro de sus descubrimientos.

Pero la escritura jeroglífica[1], inventada por su mujer y por él, era sumamente complicada, por-

---
[1] Sistema de escritura de algunos pueblos antiguos que usaban signos ideográficos en vez de fonéticos. Los egipcios combinaron estos signos con otros fonéticos que representaban ya un sonido o una sílaba.

2. El orden de los números

Detalle del obelisco de Luxor con la representación de los números egipcios. El obelisco fue construido en la antigua ciudad de Tebas. En la actualidad se encuentra en la plaza de la Concordia de París.

que tenía demasiados signos. Los dioses la aprendieron enseguida, pero a los humanos les costaba acostumbrarse a su uso.

El mismo Tot se percató del problema y al cabo de los siglos ideó también la escritura hierática y la demótica[2], que eran más sencillas. En cuanto a los números, el sistema decimal que había inventado permitía representar desde el uno hasta el millón. Las cantidades grandes necesitaban formas muy largas, lo que resultaba agotador para los escribas que debían tallar tantos números en la piedra, y que eran severamente castigados cuando cometían una falta.

* * *

En otras partes del mundo, dioses diferentes desarrollaron sus propias interpretaciones del alfabeto de Tot y de su sistema de numeración.

En China, Wenchang Wang, dios de la magia y de los números, y protector de los estudiantes en apuros y de los autores sin fortuna, inventó una forma de escritura tan complicada como la jeroglífica. Cuentan que, al ver las dificultades que presentaba el sistema que había creado, se arrojó al océano, de donde salió convertido en una de las estrellas de la Osa Mayor.

Otros pueblos más reservados prefirieron no divulgar sus formas de escritura y dejarlas en manos de monjes, sacerdotes y otros iniciados,

---

[2] La escritura *hierática* es una abreviación de la antigua escritura jeroglífica egipcia que permitía a los escribas escribir de forma rápida en los papiros, simplificando los jeroglíficos. La escritura *demótica* es una simplificación de la hierática.

2. El orden de los números

lejos del alcance de la gente corriente. Pero siempre hubo héroes indómitos que quebrantaron el secreto y profanaron los templos o escalaron los cielos, para robar a los sacerdotes y a los dioses las letras y los números inventados por Tot, y entregarlos a los mortales comunes, que a fin de cuentas eran quienes iban a utilizarlos.

* * *

Una de las formas más elementales de escribir los números es la de los números romanos. Básicamente es una técnica según la cual cada número se expresa como la adición o sustracción de unos cuantos símbolos básicos, extraídos del alfabeto latino. Para empezar, el símbolo para el uno es I, y los números dos, tres y cuatro pueden escribirse como II, III y IIII.

Pero el símbolo para el cinco no es IIIII, sino V.

Se ha especulado sobre las razones que hubo para elegir determinadas letras del alfabeto como símbolos, pero no existe ninguna explicación universalmente aceptada. Creen algunos que el número I representa un dedo extendido, y que el número V simboliza la mano entera con sus cinco dedos.

Podríamos ir añadiendo dedos de la otra mano y tendríamos los números siguientes. El seis sería VI, el siete VII, el ocho VIII y el nueve VIIII.

Para el diez tendríamos X, signo que algunos interpretan como las dos manos unidas por las muñecas. El cuarenta y ocho sería XXXXVIII, lo que obviamente resulta demasiado largo.

El símbolo del cincuenta es L, el de cien es C, el de quinientos es D y el de mil es M. Los símbolos C y M son fáciles de entender, ya que C es la primera letra de *centum*, que quiere decir cien, y M es la primera letra de *mille*, o sea mil.

UNA SIMPLIFICACIÓN NECESARIA
(La numeración romana)

Quinto Livio, el profesor de matemáticas, había vuelto a quedarse dormido en su cátedra, sobre el estrado. A aquella hora de la mañana, cuando el primer haz de sol entraba por la ventana, siempre tenía sueño. Su asiento con respaldo y cojines resultaba demasiado cómodo. Para salvar las apariencias había desarrollado una estrategia: planteaba a sus alumnos un problema cualquiera y, mientras intentaban resolverlo en sus tablillas de cera, cerraba los ojos como si estuviera meditando; permanecía inmóvil, sin mover un músculo, y nadie se atrevía a interrumpir sus pensamientos; luego, sin sobresaltos, separaba los párpados lentamente.

Aquella mañana hizo eso mismo. Puso a sus alumnos un problema sobre manzanas que les obligaba a hacer varias operaciones, y echó una cabezada. Al despertar, carraspeó y le pidió a Minucio Rufo, un chico con expresión anodina, que le mostrara su tablilla, para ver cómo había solucionado el problema. Sabía que el resultado final siempre puede copiarse, pero copiar cada paso lleva su tiempo. Por eso les pedía la tablilla.

2. El orden de los números

—Pero, Minucio —protestó el profesor con fastidio, mientras leía el desarrollo del problema—, es como si hubieras olvidado todo lo que sabes. Ni siquiera has escrito bien los números...
—¿Está mal el resultado? —preguntó el chico.
—¿El resultado? No, no, el resultado está bien, pero los datos están mal. Dime la verdad, ¿has copiado a Ennio?

Ennio era el muchacho del pupitre contiguo.

—No necesito copiar a Ennio —dijo Minucio.
—Veamos, Minucio, ¿desde cuándo el número cuatro se escribe así, con el palote del uno seguido de la letra V del cinco?

El chico suspiró con alivio.

—¡Ah, es eso! —exclamó y se puso de pie, muy serio—. Profesor, se me había ocurrido que nuestros números son un poco largos, y que podíamos escribir algunos de otro modo, para simplificar las cosas.

—Como, por ejemplo... —empezó el profesor, burlón.

—Podríamos hacer algunos cambios en la notación —comenzó Minucio, que era algo sabihondo—. Se me ha ocurrido que, cuando un símbolo de menor valor sigue a uno de mayor valor, ambos números pueden sumarse. De esta manera, el seis puede escribirse como cinco más uno, es decir VI.

—Así es como se ha hecho siempre —observó el profesor, irónico.

—En cambio —continuó Minucio sin hacerle apenas caso—, cuando el símbolo de menor valor precede a uno de mayor valor, el primero podría restarse del segundo. Por ejemplo, para escribir el

número cuatro, en vez de anotar IIII, es decir cuatro palotes juntos, podríamos poner IV, o sea un cinco menos uno, lo que es algo más breve.

»Del mismo modo, para referirnos al número nueve escribiríamos IX y no VIIII. XL sería cuarenta, y LX sesenta. Noventa se escribiría XC, y ciento diez sería CX. CM sería novecientos, y MC mil cien. ¿Por qué escribir DCCCC si podemos escribir CM, que es mucho más breve?

El profesor no salía de su asombro. Mientras él dormía unos minutos, uno de sus alumnos había inventado un sistema de escritura alternativo para los números romanos, que ahorraba mucho espacio en rollos de papiro y estelas de piedra. Se preguntó si valía la pena adoptar el cambio y apropiarse de la propuesta de Minucio o seguir tal cual. De pronto, reparó en que la aplicación más simple del nuevo sistema, las letras IV con las que se escribía el cuatro, eran las dos letras iniciales de la palabra IVPITER, el máximo dios de los romanos. (Cabe precisar que en el alfabeto latino no se distinguía entre la I y la J).

Tras larga consideración, Quinto Livio decidió desechar el cambio de Minucio, por si alguien lo tomaba como una ofensa a los dioses.

Respiró aliviado. Por un momento le había parecido que sería necesario modificar todas las inscripciones del imperio. Mal podía imaginar que el sistema ideado por su alumno acabaría imponiéndose poco a poco, aunque no sería adoptado oficialmente hasta la Edad Media.

* * *

2. El orden de los números

Aunque conservan su prestigio y parecen ejercer una especial fascinación para la mente inquieta, los números romanos dejaron de usarse hace unos cinco siglos.

Los números árabigos o indoarábigos, 1, 2, 3, 4, 5, 6, 7, 8 y 9, a los que posteriormente se añadió el número 0 o cero, son en la actualidad los más utilizados en todo el mundo. Aunque proceden de la India, se llaman así porque llegaron a Europa a través de los árabes que ocuparon al-Ándalus. Se idearon para un método de cálculo de base 10, o decimal, así denominado por la palabra latina *decima* o décima, que significa diez o diezmo.

La forma en que unimos nuestros números parece bastante simple, pero es el resultado de siglos de desarrollo, lo que los matemáticos denominan una notación posicional. En este sistema, la posición de cada dígito en una sucesión de números determina su valor.

Los números mayores de uno están separados de los números menores o fracciones por una coma decimal. A la izquierda de la coma, el primer dígito vale lo que representa. El dígito siguiente vale diez veces su valor representativo; el dígito siguiente, cien veces; el siguiente, mil veces su valor, y así sucesivamente. A la derecha de la coma, el primer dígito vale 1/10 de su valor; el dígito siguiente, 1/100; el siguiente, 1/1.000, etc.

Cualquier cifra, por grande que sea, puede escribirse empleando los números indoarábigos.

LA LEYENDA DEL CERO
(Una leyenda india)

Cuenta una leyenda de la India que, tras abandonar su lujosa vida principesca, Gautama, que luego sería conocido como Buda[3], se entregó a penitencias durísimas. Permanecía sentado durante horas conteniendo la respiración, hasta que su cuerpo se cubría de un sudor frío, y comía solo un grano de arroz al día. Hasta ese grano llegó a parecerle excesivo, y lo cambió por un grano de sésamo. Avergonzado de su gula, renunció del todo a la comida.

El sol, el frío y la intemperie le arrebataron su arrogante belleza y se convirtió en un peregrino demacrado, de piel renegrida y arrugada.

Era tal la dureza de su existencia que Maya, su difunta madre, descendió de los cielos.

—¡Hijo mío, querido, quién te ha visto y quién te ve! —clamó—. Todos mis sacrificios habrán sido en vano si mueres de este modo, como un paria, sin haber conseguido la iluminación que mereces[4].

La recriminación de Maya le hizo reflexionar. Si uno lo pensaba bien, ¿a dónde le llevaba tanto sacrificio, sino a la tumba?

—No temas, madre —le dijo él—. Me he dado cuenta de que un cuerpo debilitado no puede combatir.

---

[3] Siddharta Gautama, más conocido como Buda, vivió en la India en el siglo VI a. C. En sus enseñanzas se fundó el budismo.

[4] Los *parias* son las personas de condición social más baja de la India. Con la *iluminación* se alcanza el estado de la sabiduría y el conocimiento perfecto.

A partir de entonces volvió a comer solo lo necesario para mantenerse, y a dormir para recuperar las fuerzas perdidas.

En sus meditaciones llegó al convencimiento de que el estado de perfección se encontraba justo en el punto medio, entre el abuso de los placeres inmoderados que había disfrutado en su juventud y la extrema mortificación de los sentidos por la que acababa de pasar.

«La salud y la ciencia —se decía— son el camino de la salvación del alma, y esto es lo que importa, porque solo la ignorancia nos conduce a la muerte».

Fue entonces cuando Gautama se convirtió en Buda, es decir, en un iluminado, y comprendió el sentido de la existencia, de la muerte y del universo.

Sentado durante una semana a la sombra de una higuera sagrada, inmensa, de brazos interminables, que aún se encuentra en la ciudad de Bodh Gaya, en el estado de Bihar, descubrió las verdades que jalonan el camino de la vida y tuvo una visión deslumbrante del cero, como centro del cosmos y compendio del todo y de la nada.

Luego, sumido en una paz inefable, Buda se lanzó a peregrinar su doctrina por el mundo. Pero se guardó de hablar a nadie sobre el cero, persuadido de que la gente no estaba preparada para su visión cegadora ni para su uso.

EN BUSCA DEL CERO
(Las representaciones más antiguas)

Durante su infancia, hacia 1960, Amir Aczel pasó largas temporadas viajando por el Mediterráneo, en un velero del que su padre era capitán. Quedó fascinado por los números cuando los vio girar en las ruletas del casino de Montecarlo, y en las ruinas de Pompeya descubrió la numeración romana, que no había llegado a concebir el cero.

De mayor, Aczel se hizo matemático. Quería demostrar que el cero no se había inventado en Europa, sino en Asia, y durante años estuvo buscando una piedra rojiza, descubierta a principios del siglo XX por un arqueólogo francés, en un templo en la selva camboyana. Dicha piedra, catalogada como K-127, tenía una inscripción numérica, donde figuraba el cero más antiguo conocido. Pero, por desgracia, Camboya había sido víctima de los jemeres rojos de Pol Pot[5], una dictadura feroz que había acabado con una cuarta parte de la población del país y destruido miles de objetos arqueológicos. Tras su llegada al poder, la piedra K-127 y la inscripción habían desaparecido.

En 2013, tras años de búsqueda en muchos países del sudeste asiático y de entrevistarse con traficantes de arte, exploradores, políticos y víctimas de la dictadura de los jemeres, Aczel se en-

---

[5] Partidarios del partido comunista jemer (pueblo indochino que habita mayoritariamente Camboya), fundado en 1960 y dirigido por Pol Pot hasta 1985.

2. El orden de los números

contraba registrando un ruinoso almacén del gobierno camboyano, cerca de Angkor Wat, el templo más grande del mundo.

De pronto, entre cientos de piezas descatalogadas, amontonadas con montañas de brazos, piernas y cabezas de estatuas centenarias, que los jemeres habían cercenado, reconoció la piedra de color rojo, que a menudo había visto en fotos y dibujos. ¿Era realmente la piedra que perseguía? Buscó el cero y lo encontró. El primer cero conocido era poco más que un punto. Pese a los trece siglos transcurridos, la inscripción era legible y clara. Se quedó contemplando la piedra, eufórico. Quería tocarla pero no se atrevía. Tenía la sensación de que si llegaba a hacerlo se desvanecería como un espejismo. Aczel consiguió que el Gobierno camboyano se comprometiese a llevar el objeto al Museo Nacional del país, en Nom Pen, donde aún se exhibe.

Otro cero antiquísimo figura, en compañía de otros números, en una tablilla de piedra hallada en Gwalior, en la India central. En realidad, todo apunta a que el cero es un invento indio. Grandes matemáticos, como Brahmagupta (598-670) Mahavira (c. 850) y Bhaskara (nacido en 1114), utilizaron el cero en operaciones matemáticas.

En su famoso tratado de largo nombre, *Brahmasphutasiddhanta*, Brahmagupta nos proporciona las primeras reglas para trabajar con el cero. Una de ellas es que, cuando a un número se le suma un cero o se le resta, permanece invariable. Otra, que un número multiplicado por cero es cero.

La visión de Brahmagupta de los números como entidades abstractas, más que como herramientas para contar y medir, le permitió dar otro enorme salto conceptual, que tendría profundas consecuencias para las matemáticas del futuro. Antes se consideraba que la operación 3 - 4, por ejemplo, o cualquier otra en la que a un número menor se le restaba uno mayor, carecía de sentido o, en el mejor de los casos, daba cero como resultado. Brahmagupta, sin embargo, llegó a la conclusión de que los números no tenían por qué ser positivos necesariamente, y abrió la puerta a la existencia de los números negativos.

3
Instrumentos matemáticos

A lo largo de la historia, los seres humanos hemos utilizado otros medios, además de la escritura, para contar, medir y retener los datos. Algunos de esos instrumentos son los nudos, los artilugios mnemotécnicos de los incas llamados quipus y el ábaco, que aún se utiliza en lugares como China, Japón, Rusia y África.

NUDOS, QUIPUS Y ÁBACOS
(Los instrumentos más antiguos)

El uso de nudos para llevar cuentas o como recordatorio de algo es anterior a la invención de la escritura y de los números. Así lo demuestran unas conchas marinas agujereadas descubiertas en una cueva de Marruecos, que datan de hace unos ochenta mil años y que implican el uso de cuerdas y de nudos con los que atarlas, para componer un collar. Los nudos han resultado cruciales en el desarrollo de la civilización, ya que se han utilizado, por ejemplo, para atar la ropa, el ganado y los zapatos, para asegurar las armas al cuerpo, para construir cabañas y refugios y para ayudar a la navegación de los barcos de vela.

A lo largo de los años, los matemáticos han creado tablas aparentemente infinitas de nudos distintos. Se dice que hasta ahora han sido identificados al menos un millón setecientos mil nudos. Hay congresos específicos dedicados a los nudos, y los científicos los estudian en multitud de campos, desde la genética molecular a la física de partículas, en un intento de representar la naturaleza fundamental de las partículas elementales. La teoría de nudos, que se encarga de estudiar el objeto matemático que hay tras el nudo, ha avanzado tanto que a los simples mortales les cuesta comprender sus aplicaciones más profundas. En unos pocos milenios, los seres humanos han transformado estas formas en modelos de la estructura misma de la realidad.

* * *

Los antiguos incas[1] del oeste de Sudamérica carecían de escritura tal como solemos entenderla, esto es como una serie de caracteres sobre una superficie. Sin embargo, disponían del *quipu*, un artilugio mnemotécnico hecho con numerosas cuerdas de algodón de diversos colores o de lana de llama, enlazadas entre sí de diversas formas y con nudos intercalados. La palabra de-

---

[1] Pueblo aborigen americano que, a la llegada de los españoles, habitaba en la parte oeste de América del Sur, desde el actual Ecuador hasta Chile y el norte de Argentina.

3. Instrumentos matemáticos

riva del vocablo *khipu* que en el idioma quechua[2] significa nudo, lazada, ligadura o atadura.

Los administradores del imperio inca, los llamados *quipucamayos*, usaban los *quipus* para hacer cuentas y también para guardar la información reunida en sus viajes por todo el imperio, como datos censales y contabilidad tributaria. Pero los *quipus* tenían otros muchos usos, y servían para recordar fechas del calendario, cuentos, leyendas, genealogías, poemas y canciones. Por desgracia, aún ignoramos cómo los usuarios descifraban ese material.

Los españoles que llegaron a Perú a partir de 1532 desconfiaron inmediatamente de los *quipus*. Creían que algunos *quipucamayos* permanecían leales a sus gobernantes originales en vez de al rey de España, y que se intercambiaban mensajes secretos mediante aquellos artilugios nudosos.

Pese a la persecución de que fueron objeto, hoy se conservan unos setecientos cincuenta *quipus*, sobre todo en museos alemanes. La mayoría de ellos han tenido que ser restaurados. El más antiguo tiene unos cinco mil años de antigüedad, y el más largo y complejo tiene más de mil cuerdas. Los expertos siguen estudiándolos. Han aprendido a leer los números por el tipo de nudo, su posición y la dirección de la cuerda, así como por el color y los espacios. Ignoran, sin embargo, de qué modo los incas registraban en los *quipus*

---

[2] Lengua amerindia que hablaban los antiguos quechuas y que en la actualidad se habla en Perú, Bolivia y zonas de Colombia, Ecuador, Chile y Argentina.

información sobre el mundo real, y qué operaciones tenían que hacer para recuperarlas.

* * *

El ábaco moderno, con sus cuentas y sus alambres, se basa en antiguos instrumentos como la tablilla de Salamina, una gran pieza de mármol blanco encontrada en 1846 en la isla griega del mismo nombre, que consta de líneas o ranuras a lo largo de las cuales se desplazaban cuentas o piedras, y que debía servir para hacer cálculos con rapidez.

También los aztecas[3] tenían una suerte de ábaco, el *nepohualtzitzin*, que los entendidos conocen como la «computadora azteca» y que, en vez de cuentas, utilizaba unos granos de maíz situados en unos casilleros de madera.

Hace unos años, un grupo de expertos eligió el ábaco como la segunda herramienta más importante de todos los tiempos, a causa de su impacto en las civilizaciones humanas, tras el cuchillo y por delante de la brújula.

UN CONCURSO DE VELOCIDAD
(Relato basado en hechos reales)

Gaikokugo Gakko se sentó en el suelo, delante de su ábaco, y miró con devoción las cuentas que brillaban en cada varilla. Para él, el

[3] Pueblo indígena que dominó parte del territorio del actual México.

3. Instrumentos matemáticos

ábaco, que en Japón se llama sorobán, no era un instrumento corriente ni un juguete, sino una parte importante de sí mismo, como una mano o un pie.

Pese a la responsabilidad, no estaba nervioso. Tenía la sensación de haber sido educado para aquel momento. Los diecisiete años que había vivido; el ejemplo de su padre, que siempre le había animado en los estudios; la insistencia de su madre, que durante toda la vida le había esperado al volver del colegio para ayudarle a realizar los deberes; la severa disciplina que le habían inculcado todos los profesores de matemáticas que había conocido; su propio sacrificio, que le había permitido pasar las seis evaluaciones que miden el dominio del sorobán y las distintas fases del concurso de selección, en el que había tenido que medirse con alumnos de segunda enseñanza de todo el país; todo ello desfilaba por su mente como si lo estuviera viendo en la pantalla de un cine.

Desde muy pequeño se había acostumbrado a manipular grandes cantidades y a servirse del sorobán para hacer no solo las cuatro operaciones más sencillas, esto es, sumas, restas, multiplicaciones y divisiones, sino también raíces. Pero su principal cualidad no consistía en resolver esas operaciones, sino en hacerlo con una rapidez que nadie de su edad podía alcanzar. Captaba el problema, y al segundo siguiente lo solucionaba, y así uno tras otro.

La sala se llenó de murmullos. El chico alzó la mirada y contempló las gradas llenas de gente.

Había compañeros y profesores de su escuela superior, de su familia, de la prensa, del ministerio de comunicaciones. Vio también uniformes estadounidenses. De pronto, su mirada se posó en el aparato rival, una calculadora electromecánica de color gris plomizo. No sintió nada. Aquel aparato, con su teclado y su pequeña pantalla, no podía ganarle, por novedoso que fuera.

En cambio, el recuadro de madera, las cuentas, el travesaño y los alambres del sorobán le inspiraban la confianza que solo aportan el uso continuo y la tradición centenaria.

El acto empezó. Habló primero un representante del ejército estadounidense, y luego un alto funcionario del ministerio. Un hombre con uniforme de la armada de ocupación se le acercó, se inclinó y le saludó con un apretón de manos. Era alto, llevaba el pelo corto y sonreía continuamente, como si estuviera empeñado en resultar agradable.

Alguien del ministerio les entregó los sobres cerrados y dio la señal del comienzo. Al abrir el suyo, Gaikokugo vio que había cinco pruebas, cuatro con las operaciones básicas y una quinta con problemas que las combinaban todas. Cada prueba constaba de varias series de dificultad variable, según el número de dígitos, que en las sumas rebasaba los 60.

Gaikokugo se lanzó a sumar, a restar, a multiplicar, a dividir. Sus dedos acariciaban las cuentas, las reunían y separaban, se deslizaban sobre el sorobán con la ligereza y la determinación de

3. Instrumentos matemáticos

un pianista. A su lado, un ayudante anotaba los resultados de cada serie.

La competición duró más de una hora y media vertiginosa, y al cabo de unos quince minutos dieron los resultados. El sorobán había ganado cuatro de las cinco series, y solo había perdido la de las multiplicaciones.

Gaikokugo miró con orgullo al público que aplaudía. Miró también al militar estadounidense y observó que ya no sonreía.

Eso fue en 1946. Las calculadoras han cambiado mucho. Obviamente, el resultado actual sería muy distinto.

4
Números mágicos

A los números, inventados para medir y calcular con precisión, se les han atribuido también cualidades mágicas y poderes extraordinarios. Hace miles de años, los astrólogos y adivinos mesopotámicos sostenían que, lejos de ser una creación humana, los números tenían un origen divino, y que por sí solos bastaban para explicar la estructura del universo.

Todavía hoy, los numerólogos o adeptos de los números están convencidos de que la forma y disposición de las pirámides, tanto las que levantaron los antiguos egipcios como las de los mayas y los aztecas, corresponden a una clave numérica, que aún no ha sido desvelada y que es la del universo mismo.

Por su parte, los primeros místicos judíos sostenían que Dios se había servido de los números y las letras para crear el mundo. Al estudiar meticulosamente sus textos sagrados desarrollaron un sistema de interpretación llamado gematría, acaso una distorsión de la palabra griega γεωμετρία (geometría), en el que cada letra tenía un valor numérico.

La primera letra de su alfabeto, llamada álef o aleph, tenía el significado del uno. La segunda

letra, béit, tenía el valor asignado del dos, y así sucesivamente.

Para los numerólogos, las palabras y las frases que tienen el mismo número de caracteres significan necesariamente lo mismo. Eso ha llevado a algunos a creer que, haciendo los adecuados malabarismos con las letras de un nombre en el idioma adecuado, y asignando números convenientes a las distintas letras, pueden demostrar lo que quieran.

Un ejemplo. El capítulo decimotercero del *Apocalipsis* de la Biblia dice, de manera un tanto oscura: «Aquí hay sabiduría. El que tiene entendimiento, cuente el número de la bestia, pues es número de hombre. Y su número es seiscientos setenta y seis». Parece ser que el texto fue escrito pocas décadas después de la gran persecución del emperador Nerón a los cristianos, y que, si se escribe en caracteres hebreos el nombre de Nerón como *Neron Caesar*, la suma de los números que representan las distintas letras da por resultado seiscientos sesenta y seis, esto es, el número apocalíptico de la supuesta bestia.

A lo largo de la historia, ese número ha sido calculado intencionadamente repetidas veces, y atribuido también al emperador Adriano por los judíos, a Mahoma por los cristianos, a Martín Lutero por los católicos, a varios de los papas por los protestantes, e incluso a Napoleón Bonaparte por sus enemigos.

PITÁGORAS[1] Y LAS HABAS
(Los atributos de los números)

Cuentan los pergaminos que Pitágoras estudió con las más destacadas mentes de Grecia y que visitó Egipto, Babilonia y acaso la India, para sondear los misterios de la geometría y la astronomía. Hacia el año 530 a. C., harto de tanto viaje, se instaló en la colonia griega de Crotona, en la actual Calabria, al sur de Italia, donde fundó una comunidad vegetariana para formar matemáticos y filósofos.

En dicha comunidad podían ingresar tanto mujeres como hombres, siempre que guardasen el secreto sobre las enseñanzas allí impartidas y se comprometiesen a mantener una dieta que excluía el vino, los huevos y las habas. Nadie sabe qué tenía Pitágoras contra las habas, pero es evidente que las detestaba.

Sus clases empezaban con la enseñanza de las matemáticas. Pero no como las concebían los egipcios, que solo las utilizaban con fines prácticos, sino más bien como una teoría abstracta, para orientar las mentes hacia la deducción lógica. Por eso suele decirse de él que fue el primer matemático puro, o sea el primero que estudió las matemáticas por sí mismas.

Solo después de haber instruido a sus alumnos suficientemente en la teoría de los números, pasa-

---
[1] Pitágoras (c. 569-475 a. C.). Filósofo y matemático griego. Se atribuyen a Pitágoras amplios conocimientos geométricos, de lo que es buena prueba el teorema que lleva su nombre y la tabla pitagórica. Se le considera también el descubridor de la octava musical.

Pitágoras. *Dibujo atribuido a Pedro Berruguete (1450-1504).*

4. Números mágicos

ba a la geometría, que con él adoptó sus elementos clásicos: axioma, teorema y demostración. Según una leyenda, fue discípulo de Tales[2], que le transmitió sus conocimientos. Según otra, nunca se vieron y descubrió varios teoremas por sí mismo. Por ejemplo, que la suma de los ángulos de un triángulo es igual a dos ángulos rectos, y que el cuadrado de la hipotenusa de un triángulo rectángulo es igual a la suma de los cuadrados de los catetos.

Un día, al pasar por una herrería, Pitágoras quedó impresionado por la rítmica regularidad de los golpes de un martillo sobre un yunque. De vuelta a su casa, ejecutó una serie de experimentos, haciendo vibrar agujas de idéntico espesor y tensión, pero de distinta longitud. Concluyó que las notas dependían del número de vibraciones, calculó dicho número y comprendió que la música podía entenderse como una serie de relaciones matemáticas.

El silencio, intuyó, no era sino una música, que pasaba inadvertida para el oído humano porque carecía de intervalos y estaba siempre sonando. Era la música de las esferas, que los planetas, como todos los demás cuerpos celestes, y también la Tierra, producían al girar en el espacio.

Otros historiadores ignoran el episodio de la herrería y cuentan que Pitágoras se concentró en

---

[2] Tales de Mileto (c. 639-546 a. C.). Filósofo, matemático, físico y legislador griego, fundador de la escuela jónica. Fue uno de los Siete Sabios de Grecia. Inauguró la filosofía de la naturaleza al proponer el principio natural (*arché* o *arjé*) de todas las cosas, que para él era el agua: «Todo nace del agua y retorna a ella». Formuló el teorema que lleva su nombre.

el estudio de la lira y el monocordio, instrumento de una sola cuerda, para demostrar que la armonía musical dependía de la longitud relativa de las cuerdas con las que se tocaba. Cuando, por ejemplo, una cuerda era el doble de larga que otra, sus notas se diferenciaban en una octava y eran más armónicas.

En silencio y bajo la vigilancia de su maestro, los pitagóricos pasaban largo tiempo meditando sobre el significado de los números. Especulaban, por ejemplo, sobre la semejanza elemental entre tres elefantes y tres pulgas: la coincidencia en el tres, lo que podría llamarse su «tresedad».

Los pitagóricos veían en los números la esencia de las cosas, la expresión de las leyes fundamentales del universo. Al mismo tiempo que trazaban el camino hacia la armonía musical, conducían a la armonía espiritual y cósmica. Sostenían que los cuatro primeros números eran los más importantes. Sumados equivalían a diez, y de ellos se podían derivar todos los demás.

El número uno representaba la unidad primordial. Era todopoderoso, por no decir divino, y se dividía continuamente para dar lugar al universo físico.

El número dos, primer resultado de esa división, se consideraba la quintaesencia de la destrucción. Todo en la creación parecía dividirse en categorías opuestas: el bien y el mal, la luz y la oscuridad, lo masculino y lo femenino.

Pero el atributo más interesante era la calidad de par o impar de un número. Los impares, al contener el uno, se asociaban a los conceptos de unidad y bondad. El tres, por ejemplo, reflejaba la creatividad, pues combinaba armoniosamente el uno y el dos. Los pares, por su parte, representaban la división y el mal. El cuatro era prosaico y estable, y reflejaba la justicia.

Se creía, quién sabe por qué, que el número cinco era un número en continuo movimiento, afín a los viajes y a la aventura. En cambio, el seis representaba la tranquilidad doméstica. El siete se adentraba en los misterios de la especulación y la introspección, mientras que el ocho disfrutaba del mundo terrenal y de sus atractivos. El nueve, que siempre se mantenía aparte, simbolizaba la perfección mental y espiritual.

Pero llegó un momento en que los ciudadanos de Crotona se volvieron recelosos y empezaron a ver con recelo la creciente influencia política de la escuela pitagórica y las enseñanzas de su líder.

Se dice que, una noche, una muchedumbre afluyó a la escuela y la incendió, tras expulsar del lugar a Pitágoras y a sus discípulos.

Otro relato sostiene que fue la lucha intestina entre sus miembros lo que llevó a clausurar el centro.

Pitágoras huyó en paños menores. Había cumplido o estaba a punto de cumplir ochenta años. Un destino vengador guio sus pasos hasta un campo de habas. Como las detestaba, se negó a echarse al suelo para esconderse, razón por la cual fue alcanzado y muerto.

Acaso ese final parece demasiado literario, demasiado artificioso para resultar creíble.

TRES, SIETE Y TRECE
(Simbología y superstición)

Todos sabemos de personas que sienten predilección por determinadas cifras, que juegan siempre al mismo número de lotería, que creen que la suma de todas las letras del nombre de una persona tiene algo que ver con sus cualidades o puede proporcionar indicios sobre su personalidad o su destino.

«A la tercera va la vencida», reza uno de tantos refranes. Y es que, desde hace milenios, el tres se ha considerado un número mágico en una amplia gama de culturas. Los antiguos griegos disponían de unas 120 tríadas o grupos de tres figuras míticas. Algunas eran de índole benéfica, como las tres Gracias, doncellas de Apolo, que figuran en cuadros como *La primavera*, de Sandro Botticelli[3] o *Las tres Gracias*, de Rubens[4]. Otras eran de índole maléfica, como las tres furias con cabeza de serpiente, diosas de la venganza, o las tres parcas, personificaciones del destino y de la muerte, que controlan el metafórico hilo de la existencia de cada individuo, y lo cortan con unas tijeras cuando consideran que ha vivido suficiente.

También hay grupos de tres dioses en la antigua mitología egipcia, donde Isis, Osiris y su

---

[3] Sandro Filippo *Botticelli* (1445-1510). Pintor italiano, una de las grandes figuras del Renacimiento. *La primavera* (1478), con el grupo de las tres Gracias, es una de sus más célebres pinturas de tema mitológico.

[4] Peter Paulus *Rubens* (1577-1640). Pintor flamenco, uno de los principales representantes del Barroco. *Las tres Gracias* muestra su conocimiento de la cultura clásica.

4. Números mágicos

hijo Horus[5], componen una especie de tríada, y en la mitología hindú, donde Brahma, Visnú y Siva[6], dioses de la creación, la conservación y la destrucción, se representan juntos como la Trimurti, que en sánscrito significa «tres formas» y es una suerte de Trinidad. En numerología, el tres suele denotar armonía espiritual y vigor, fuerzas trascendentes y generadoras de vida.

Los pitagóricos dividían la existencia en diez períodos de siete años. Los antiguos asirios clasificaban a sus dioses en grupos de siete, y en Caldea se creía que el siete era un número sagrado. Se habla de los siete sabios de Grecia, de las siete maravillas del mundo antiguo y de las siete vidas del gato. Para los astrónomos de la antigüedad, el Sol, la Luna, Marte, Mercurio, Venus, Júpiter y Saturno, eran los siete planetas que giraban alrededor de la Tierra, y cuyos movimientos parecían regir el destino de los humanos. En la Biblia abunda el siete significativo, desde la concepción del séptimo día de la Creación como día de descanso a las siete plagas de Egipto.

La superstición que rodea al trece es tan persistente que muchos hoteles continúan omitiendo la puerta número trece en sus habitaciones, y en algunos edificios no existe el piso decimotercero. En ciertas calles falta el número trece, y hay

---

[5] *Isis* es la diosa madre, esposa de *Osiris*, dios de la muerte y símbolo de la fertilidad y la regeneración del Nilo. Su hijo *Horus* es el dios del cielo, de la guerra y de la caza, al que se considera como el creador de la civilización egipcia

[6] *Brahma* es el dios creador del universo; *Visnu* es el que se encarga de preservarlo, y *Siva* es el que destruye el universo en el fin del mundo.

anfitriones que se niegan a organizar una cena de trece invitados.

Suele considerarse que el temor hacia el trece, que lleva el curioso nombre de triscaidecafobia, se remonta a la «última cena», a la que Judas asistió como decimotercer comensal.

Otra fuente de triscaidecafobia tiene que ver con la diosa escandinava Freya, a la que el viernes debe su nombre anglosajón, esto es, *Friday*. Para esta divinidad, tanto el viernes como el trece eran sagrados. Los primeros misioneros cristianos que combatieron el paganismo mostraron una especial aversión hacia la diosa, y en consecuencia hacia su día y su número, que ha perdurado. De ahí el recelo que inspiran los viernes 13.

En un mito griego muy conocido, los doce dioses del Olimpo celebraron un banquete al que olvidaron invitar a Eris, diosa de la discordia. Despechada, la diosa ofendida arrojó a los comensales una manzana de oro con la inscripción «A la más hermosa». Según cuenta la leyenda, la agria discusión que tuvo lugar para decidir qué diosa merecía el premio entre Hera, Atenea y Afrodita, las tres presentes, condujo finalmente a la guerra de Troya.

Los numerólogos de la antigüedad sentían cierto desdén por el trece, porque seguía al doce y a la docena, que solía asociarse con el final de algo. De ahí que el trece fuera el número que nadie quería ni necesitaba, una especie de número accesorio o prescindible.

Sin embargo, su mala reputación no es universal. La tradición hebrea lo considera un nú-

4. Números mágicos

mero propicio, y algunas tribus indias de América Central le rinden culto y lo tienen por el más sagrado de los números.

SIETE BOGATIRS[7]
(Antiguo cuento ruso)

La historia sucedió hace más años que pelos tienes en la cabeza.

Siete bogatirs, esto es, siete guerreros valerosos, con sus cascos puntiagudos y sus cotas de malla, cabalgaban juntos atravesando las desiertas estepas.

Llegaron al pie de un viejo roble donde se cruzaban tres caminos. Uno se dirigía al norte, el otro a la población de Kiev y el tercero, que fue el que tomaron, al Mar Azul.

Cerca de este, el río Safat corría con estrépito.

Como se encontraban cansados, los siete desmontaron, plantaron sus tiendas de campaña y se acostaron para descansar, mientras los caballos pastaban.

Ilia Muronets despertó cuando el sol enrojecía hacia el este. Se arrodilló en la orilla del río, se bañó en su corriente, se secó con un paño de lino y miró a la lejanía. Más allá del río advirtió una horda de tártaros[8] que invadía el llano como un viento furioso. Tan crecido era aquel ejército

---

[7] Héroe guerrero medieval ruso; podría compararse al caballero andante de Europa occidental.

[8] Naturales de Tartaria, región de Asia. Con el nombre de Tartaria se designó, hasta el siglo XVIII, el territorio habitado por los tártaros mongoles. Se extendía desde el mar del Japón hasta la península de Crimea.

que un hombre a caballo no hubiera podido dar una vuelta alrededor de él, y un lobo gris hubiera sido incapaz de atravesarlo.

—¡Bogatirs, despertad! —gritó Ilia—. Los tártaros están sobre nosotros.

Se despertaron y cargaron sobre el enemigo. A los tres minutos ya los habían vencido y herido de muerte en el campo. Triunfantes, se jactaron:

—¿Qué fuerza se puede comparar con la nuestra? Hemos vencido a los tártaros y, sin embargo, nuestras poderosas espaldas no se inclinan, nuestras espadas siguen afiladas y nuestros fieles corceles están dispuestos a reanudar la refriega.

—En efecto —exclamó Aliosha Popovich—. No hay potencia que pueda vencernos.

Apenas había pronunciado estas imprudentes palabras, dos guerreros se presentaron ante él cubiertos con relucientes armaduras. Sus rostros eran más radiantes que la aurora. Se dirigieron al grupo y le hablaron así:

—Venimos a probar nuestra fuerza. Somos dos y vosotros siete, pero no importa. Vamos a luchar.

Aunque los bogatirs ignoraban quiénes eran aquellos adversarios, el corazón de Aliosha Popovich se encendió en ira. Sacando su espada, cayó sobre ellos.

Sin embargo, ¡oh maravilla!, a los golpes de la espada de Aliosha, los dos hombres se convirtieron en cuatro. Entonces Dobrinia Nibritich sacó su espada y partió a los cuatro jinetes por la mitad. Pero al instante, como por encanto, aparecieron, en vez de cuatro, ocho guerreros que cabal-

4. Números mágicos

gaban de frente contra él. Ilia Muronets siguió a Dobrinia, e hirió a los ocho con su poderosa espada. Pero de nuevo los adversarios se duplicaron. Era curioso: al dividirlos, se multiplicaban. Los siete bogatirs cargaron sobre el enemigo con redoblado vigor. Pero, cuanto más luchaban, más se multiplicaban las fuerzas contrarias y devolvían golpe por golpe.

Así sucedió que, durante tres días, tres horas y tres minutos, combatieron con saña. Al fin, los poderosos hombros de los bogatirs se doblaron como cañas golpeadas, sus espadas se mellaron y los caballos de guerra se rindieron a la fatiga. El enemigo los venció sin esfuerzo.

El terror se apoderó de los siete bogatirs, que huyeron al monte para ponerse a salvo en sus profundas cavernas.

Aliosha Popovich fue el primero en llegar. Pero, tan pronto puso pie en el monte, se convirtió en una estatua de piedra. Lo mismo les sucedió a los otros.

Y así fue cómo los últimos siete bogatirs fueron destruidos en la santa Rusia.

5
Cálculos geométricos

Se cree que la geometría fue ideada en el Antiguo Egipto, cuando se descubrió que era posible medir la superficie de una figura limitada por líneas rectas. Surgió ante la necesidad de medir los campos en el valle del Nilo, donde las inundaciones provocadas por las crecidas del río arrasaban cada año vastas extensiones, y se llevaban todas las marcas puestas por los agricultores para señalar sus campos y delimitar los de sus vecinos.

Como medir las áreas limitadas por líneas curvas presentaba mayores dificultades, los agrimensores se empeñaron en reducir cada problema de este tipo a uno de medir superficies con límites rectilíneos. La teoría es que, si puede construirse un cuadrado de área igual a la de un círculo dado, midiendo el área del cuadrado queda determinada la del círculo. La famosa expresión «cuadratura del círculo», que en el lenguaje popular equivale a definir algo muy difícil de hacer, deriva precisamente de esa aproximación.

EL MISTERIOSO NÚMERO PI
(La constante matemática más famosa)

Como bien sabemos, el número pi, simbolizado por la letra griega π, es la relación entre la longitud de una circunferencia y su diámetro. Es posible que los pueblos de la Antigüedad ya se dieran cuenta de que, en cada giro de la rueda de un carro, el vehículo se desplazaba tres veces el diámetro de la rueda, más o menos. Hacia el 250 a. C., el matemático griego Arquímedes de Siracusa[1] determinó una cifra más exacta: 3,142. Tuvieron que pasar unos cuantos siglos para que el matemático árabe al-Kashi (1380-1429), de la escuela de Samarcanda, añadiera otra cifra, que es la más difundida: 3,1416. En 1706, el matemático galés William Jones introdujo el símbolo π, seguramente por la palabra griega que designa el perímetro, que empieza con esa letra.

Pi es la constante matemática más famosa de nuestro planeta, y cabe suponer que también de las civilizaciones más avanzadas del universo, si es que hay alguna. Las cifras de pi son infinitas, y nadie ha sido capaz de encontrar un patrón ordenado en su distribución.

El 21 de marzo de 2015, en la Universidad VIT, en Vellore, India, y ante decenas de testigos,

---

[1] Arquímedes (287-212 a. C.). Matemático y físico griego de Siracusa. Se le deben numerosos descubrimientos: el área del círculo, el valor π = 22/7 para la relación entre la circunferencia y el diámetro; la ley de equilibrio de los cuerpos flotantes, conocida con el nombre de principio de Arquímedes, etc. Concibió la ciencia como método deductivo. Se le atribuye la frase «Dadme un punto de apoyo y moveré el mundo».

5. Cálculos geométricos

el joven indio Rajveer Meena, de 25 años a la sazón, empezó a cantar números:

—Tres, uno, cuatro, uno, cinco, nueve, dos, seis, cinco, tres, cinco, ocho, nueve, siete, nueve...

Casi diez horas después, pálido y exhausto pero feliz, Meena se tambaleó, y siguió cantando mientras caía. Antes de desmayarse había enunciado de memoria los primeros 70 000 dígitos del número pi sin equivocarse ni una vez, superando el anterior récord de 67 890 cifras que el chino Chao Lu había conseguido diez años antes.

LA CUADRATURA DEL CÍRCULO
(Una verdad equivocada)

Edward Johnston Goodwin era un hombre de 60 años, alto y con bigote. Tenía fama de excéntrico, pero sus pacientes lo consideraban un buen médico. Pasaba consulta en el condado de Posey, una comunidad tranquila situada al sudoeste de Indiana.

Un buen día de 1888, Goodwin proclamó que había encontrado un método para cuadrar el círculo. En su modelo, el cociente entre el diámetro y la circunferencia equivalía a cinco cuartos dividido entre cuatro. Echando cuentas, pi era 3,2, y no, como Arquímedes había pretendido dos mil años antes, 3,14.

Extrañado de que su cálculo no llamara la atención universal, Goodwin dejó pasar el tiempo hasta que, en 1896, decidió que su supuesto descubrimiento era un regalo para su patria. Se dirigió a la Asamblea General de Indiana y les presentó un proyecto de ley, anunciando, como contribución gratuita a la educación del estado, una «nueva verdad matemática». Asombrosamente, el proyecto pasó a trámite. Durante uno de los debates, el representante que defendía la propuesta argumentó:

—El caso es muy sencillo. Si aprobamos este proyecto de ley que establece un valor de pi nuevo y correcto, el autor ofrece al estado de Indiana sin coste alguno el uso de su descubrimiento y su publicación gratuita en los libros de texto de nuestras escuelas, mientras que todos los demás tendrán que pagarle derechos de autor por las aplicaciones de su cuadratura del círculo.

Asombrosamente, la «nueva verdad matemática» fue aprobada por unanimidad. Goodwin, que había patentado su método en Estados Unidos y en siete países europeos, incluida España, estaba exultante.

«Mi descubrimiento revolucionará las matemáticas. Todos los astrónomos y matemáticos estaban equivocados», declaró con altivez en una entrevista con un diario local.

El proyecto de ley sobre la cuadratura del círculo solo necesitaba la aprobación de la otra cámara de la Asamblea, la del Senado.

Por suerte, el matemático Clarence Abiathar Waldo, jefe del departamento de Matemáticas de la Universidad de Purdue, se enteró del asunto y decidió intervenir. Aquella misma tarde habló con los senadores, para explicarles

que la propuesta de ley de Goodwin era una locura. Días después, el *Indianapolis News* publicó el relato de la sesión: «La propuesta para legalizar una fórmula a fin de cuadrar el círculo se puso sobre la mesa y hubo burlas. Los senadores hicieron retruécanos, la ridiculizaron y se rieron de ella. La diversión duró media hora». El proyecto se aparcó de forma indefinida.

Goodwin falleció en 1902. El diario local *New Harmony News* publicó un obituario bajo el titular *Adiós al hombre que quería beneficiar al mundo*. El autor se preguntaba si Goodwin, con su número pi particular, estaría midiendo la superficie de los cielos.

EL PAPIRO RHIND
(Un problema de gatos)

En 1858, el jurista y anticuario escocés Alexander Henry Rhind caminaba por el polvoriento y bullicioso mercado de Luxor. El estado de sus pulmones era precario, pero favorecía su afición por la egiptología. Siempre que tenía oportunidad, el médico de Rhind le recetaba un viaje a Egipto por motivos de salud.

Su mirada se había detenido en una cerámica vidriada de color azul, que representaba un hipopótamo adornado con un dibujo de nenúfares, cuando resbaló hacia unos rollos de papiro amontonados con descuido.

—¿Cuánto vale? —le preguntó al vendedor, señalando el hipopótamo.

El escriba Ahmes, copista del papiro Rhind, vivió a comienzos de la dinastía XVIII (entre 1550 y 1295 a. C., aprox.). En la imagen, la célebre escultura El escriba sentado *(c. 2600-2350 a. C.), que se encuentra en el Museo del Louvre, París.*

5. Cálculos geométricos

El vendedor dijo una cifra imposible, y empezaron a regatear. Al cabo de largo rato, Rhind pareció ceder.

—Y esos rollos, ¿cuánto me pide por ellos? —preguntó distraídamente.

Por la razón que fuese, el vendedor quería deshacerse cuanto antes del hipopótamo, y no parecía particularmente interesado en los papiros. Así que contestó con una cifra aceptable.

—Y todo junto, ¿cuánto vale? —insistió Rhind.

Compró el lote, a sabiendas de que era arriesgado adquirir aquellos rollos sin verlos. Pero luego, al examinarlos en la soledad del hotel, le entraron ganas de saltar. Uno de aquellos rollos carecía de interés, pero el otro era extraordinario. Estaba redactado en escritura hierática y se hallaba bien conservado. Hasta donde Rhind podía entender, era un papiro matemático. Empezaba con una declaración de principios: «El piadoso lector encontrará aquí un método de cálculo preciso para resolver los problemas y solucionar todos los misterios..., todos los secretos».

El texto incluía problemas matemáticos con fracciones y progresiones aritméticas, así como temas de álgebra y geometría relacionados con las pirámides. También había una sección de matemáticas prácticas, útiles para la medición, la construcción y la contabilidad.

Aunque Rhind siempre siguió los consejos de su médico, murió cinco años después, poco después de cumplir los treinta.

El Museo Británico adquirió el hallazgo en 1864. El papiro Rhind, como suele llamarse, esta

considerado como la fuente de información más importante que se conoce sobre las matemáticas de los antiguos egipcios. Está datado en torno al año 1650 a. C. y lleva el nombre del escriba Ahmes, lo que convierte a este en el primer personaje de nombre conocido en la historia de las matemáticas.

El rollo contiene además los símbolos más antiguos que se conocen para designar operaciones matemáticas. La suma se representa con un par de piernas, que se dirigen hacia el número que se va a añadir.

El problema número 79, que es más bien un acertijo, puede traducirse así: «Siete casas contienen siete gatos. Cada gato mata a siete ratones. Cada ratón se había comido siete espigas de cereal. Cada espiga habría producido siete medidas de trigo. ¿Cuál es el total?».

El problema recuerda a una canción inglesa para niños pequeños, *Cuando iba a St. Ives*, que dice así:

De camino a St. Ives
vi a un hombre con siete mujeres.
Cada mujer tenía siete sacos.
Cada saco tenía siete gatos.
Cada gato tenía siete crías.
Crías, gatos, sacos y mujeres,
¿cuántos de ellos iban a St. Ives?

6
Juegos de reyes

¿Qué es un dado? Es un objeto de forma poliédrica, preparado para mostrar un resultado aleatorio, o sea al azar, cuando es lanzado sobre una superficie horizontal, desde la mano o mediante un cubilete. En los juegos de mesa suele tener forma de cubo, con seis caras cuadradas y una serie de puntos, del uno al seis, pero en algunos juegos se usan dados en forma de tetraedro o pirámide, con cuatro caras.

Al principio, los dados se fabricaban con tabas, esto es, huesos del pie de animales ungulados. A diferencia de lo que sucede con los dados, las distintas caras de las tabas tienen formas diferentes y por tanto distintas probabilidades de salir, esto es, de quedar a la vista.

Las civilizaciones antiguas creían que sus dioses controlaban el resultado de los lanzamientos de dados. Por eso se recurría a los dados para tomar decisiones cruciales, como la elección de gobernantes o el reparto de un territorio. Era una manera de averiguar lo que los dioses querían, lo que de algún modo «estaba escrito».

La metáfora de un dios que controla los dados sigue utilizándose, como demuestra la cita de Stephen Hawking: «Dios no solo juega a los dados, sino que a veces nos confunde, lanzándolos en lugares donde no podemos verlos».

EL JUEGO REAL DE UR
(Un antiquísimo juego de mesa)

Leonard Woolley llevaba varias temporadas, en años sucesivos, excavando las tumbas reales de la antigua ciudad de Ur, en Sumeria, el actual Irak. Eran más de mil tumbas, situadas a niveles de distinta profundidad, que contaban una historia terrible: tras la muerte de la reina, buena parte de los cortesanos, su guardia personal, los ayudas de cámara, las damas de honor con sus lujosos atavíos de brillantes colores, los músicos provistos de arpas, liras y címbalos, habían entrado en la cámara sepulcral y, tras apurar sus copas de veneno, se habían acostado en espera de la muerte, para acompañar a su señora en el Más Allá.

Woolley y su esposa, que era su único ayudante científico en aquella expedición, se encontraban bajo una gran tienda de campaña, intentando reconstruir un arpa de plata, cuando el capataz se presentó haciendo aspavientos, con la respiración agitada.

—¡Señor Woolley, señora Woolley! —les llamó—. ¡Otro hallazgo fabuloso! ¡Fabuloso!

¿Otro? La pareja de arqueólogos se miró con curiosidad. En las últimas semanas, los hallazgos importantes se habían sucedido: tocados de oro y lapislázuli; un macho cabrío de pie, apoya-

do en el árbol de la vida; un estandarte de oro, con soldados en batalla y conduciendo prisioneros a su rey.

Corrieron hacia la excavación y bajaron por sucesivos niveles, hasta llegar a una terraza. Allí, en el suelo, los trabajadores habían detenido sus tareas al descubrir unas casillas de concha, decoradas con puntos, círculos y rosetas.

Los Woolley se inclinaron. Empezó él a raspar la tierra con un cuchillo, mientras ella apartaba el polvo con un pequeño fuelle.

Era un tablero de forma irregular, con dos plataformas de lapislázuli, una de seis casillas y otra de doce, unidas por un puente de dos casillas.

—¡Qué juego tan hermoso! —exclamó la señora Woolley.

—Y está en perfecto estado —replicó su marido—. Pero ¿cómo se juega?

La pregunta de Woolley estuvo sin responder varias décadas. El tablero fue restaurado y expuesto en el Museo Británico, con otras piezas procedentes de las tumbas de Ur, que debían entretener a los reyes sumerios en la vida futura, en compañía de catorce fichas y unos dados piramidales, encontrados junto a él. Ningún arqueólogo había conseguido descubrir las reglas de un juego tan intrincado.

Fue un día de 1939, justo un año antes de que los alemanes empezaran a bombardear Londres y de que las antigüedades del museo fueran trasladadas y almacenadas en el metro, cuando un chico pelirrojo de unos doce años, que acom-

pañaba a su madre y cuyo nombre no ha retenido la historia, exclamó, tras leer un texto explicativo.

—¡Mira, mamá! —exclamó, señalando la vitrina—. Dicen que nadie ha podido descubrir las reglas del juego ese, pero está más claro que el agua. Es una mezcla de parchís y *backgammon*, y de lo que se trata es de meter las fichas en el tablero, con un número doble o algo así. Luego hay que recorrer el tablero y salir con todas las fichas antes que el rival. Las fichas avanzan en función de los dados, y capturan si la tirada les permite caer en una casilla ocupada por el otro. Hay casillas que funcionan como seguro, donde no se puede capturar. Como en el parchís, las piezas capturadas salen del tablero y han de empezar de nuevo. El puente también es un seguro, pero, como en las casillas normales, solo se admite una ficha por casilla. Y creo que el trayecto de las blancas y el de las negras es un poco distinto. Yo diría que atraviesan prácticamente las mismas casillas, pero en sentido opuesto. ¡Ah, y si caes en las casillas con la roseta esa has de pagar! ¡Cómo me gustaría jugar con esos dados!

—¡Tú y tus juegos de mesa! —exclamó la madre, con un suspiro—. ¡Vamos, que se hace tarde!

La conversación había llamado la atención de Irving Finkel, conservador de la sección sumeria, que casualmente pasaba por la sala. Al principio pensó que la explicación del muchacho pelirrojo era demasiado simple, y se resistió a comprobarla.

Pero, una vez instalado en su despacho, no pudo resistir la tentación. Probó, con ayuda de una maqueta, las reglas del juego que proponía el chico, y vio que funcionaban. Cada rival recorría su itinerario, que no coincidía con el del adversario salvo en unas pocas casillas. Y ganaba quien primero sacaba todas sus fichas. Pensó que la leyenda del juego antiguo de reglas desconocidas había perdido la razón de ser, y que habría que cambiar muchos libros.

Hoy, la réplica del llamado juego real de Ur es una de las más vendidas en la tienda del Museo Británico.

TRES EN RAYA
(Orígenes del juego más popular)

Casi todos los juegos de mesa están relacionados de un modo u otro con las matemáticas, bien sea para contar las fichas, las casillas, los puntos de los dados, las puntuaciones de los naipes, o para elaborar un razonamiento táctico o estratégico.

El tres en raya puede considerarse como la base sobre la que, a lo largo de los siglos, se han construido juegos de posición mucho más complejos.

El comienzo es sencillo. Dos jugadores, O y X, trazan por turnos sus símbolos respectivos en los espacios de un cuadrado formado por nueve casillas, que suele representarse como 3 x 3. Gana el jugador que logra colocar su símbolo tres veces en una misma fila o columna, o en una de las dos diagonales principales.

Los arqueólogos han rastreado juegos similares alrededor del año 1300 a. C., en el Antiguo Egipto. Una temprana variación del tres en raya se jugó en el Imperio Romano, alrededor del primer siglo a. C. Se llamaba *terni lapilli*, que es como decir tres guijarros a la vez. Cada jugador solo disponía de tres guijarros, por lo que debían desplazarlos hacia los espacios vacíos para seguir jugando. Las marcas de la cuadrícula se han encontrado dibujadas con tiza por toda Roma, prueba de que el juego era enormemente popular.

Con algunas variantes y ampliaciones, como el cuatro en raya o el cinco en raya, y los tableros verticales o de forma extraña, el juego ha evolucionado considerablemente. La misma simplicidad esencial del tres en raya lo convierte en una herramienta pedagógica ideal para enseñar la teoría de juegos, un área de la matemática aplicada de gran importancia en la teoría económica.

En 1998, investigadores y estudiantes de la universidad de Toronto crearon un robot inteligente capaz de jugar a un cuatro en raya tridimensional, esto es 4 x 4 x 4, contra un ser humano, y vencerle.

La invención del ajedrez
(Leyenda oriental)

La acción de esta leyenda transcurre unas veces en Persia, otras en la India o en China...

Cierto día, el rey Selam sintió que ya había gustado de todos los placeres de la vida, pues era poderoso y rico. Su vista estaba cansada de

6. Juegos de reyes

Un cristiano y un árabe jugando al ajedrez. Página miniada de los Libros del ajedrez, dados y tablas *de Alfonso X El Sabio.*

contemplar tanta belleza, y su paladar harto de manjares. La tristeza era su única compañera. A ratos pensaba que solo la muerte podía aliviarle de tan pesada carga.

Desesperado, el Gran Visir mandó proclamar que le daría cuanto pidiera a quien acabase con el tedio de su poderoso señor.

Atraídos por tan generosa oferta acudieron a la corte multitud de sabios, magos, malabaristas, músicos y bailarinas, pero todo fue en vano.

—Empiezo a temer que el mal del rey Selam no tiene remedio —se lamentaba el Gran Visir.

Pero he aquí que, cierto día, un anciano de largas y blancas barbas pidió enseñar al rey un curioso juego que había inventado. Le condujeron ante Selam y, ya en presencia de este, colocó sobre una mesita un tablero de casillas blancas y negras, y sobre él dispuso unas piezas de marfil, mientras explicaba cómo se movían el rey, la reina, los alfiles, los caballos, las torres y los peones.

Contemplaba Selam los desplazamientos de las piezas sobre el tablero, y por pura cortesía accedió a jugar una partida, que perdió enseguida. Contrariado, volvió a jugar y a perder. Un silencio absoluto reinaba en la amplia estancia donde se apiñaban los cortesanos.

Durante toda la tarde, Selam, el poderoso señor, jugó contra el anciano de la barba blanca. Y, cuando ya las sombras de la noche caían sobre los jardines reales, el rey estalló en una jovial carcajada.

Había vencido por primera vez.

6. Juegos de reyes

Un suspiro de alivio y alegría nació al mismo tiempo en todos los presentes, porque el rey había pasado un día muy ameno y la risa había vuelto a florecer en sus labios.

—¿Cómo te llamas, y cómo se llama este juego? —preguntó el rey.

—Mi nombre es Sihisa, hijo de Kelat, y este juego se llama *shahmat*, que en lengua persa significa rey muerto. Pero también podéis llamarlo ajedrez.

—Has logrado combatir mi hastío. Desde hoy la corte conocerá este noble entretenimiento y haré que su nombre llegue a oídos del mundo entero. Pero ahora dime qué recompensa quieres.

—Solo te pido que me des unos granos de trigo.

—¿Quieres mil sacos?

—Cuéntalo tú mismo. Quiero un grano por la primera casilla, dos por la segunda, cuatro por la tercera, y ve doblando siempre hasta haber llenado la última, que es la 64.

—No creí que pidieras tan poco. Tu modestia casi me enoja. A ver, traed medio saco de trigo para cumplir la extraña petición de Sihisa.

Unos criados acudieron con medio saco.

—2, 4, 8, 16, 32, 64, 128... —empezaron a contar. La primera línea de cuadros pronto estuvo completa. Pasaron a la segunda—: 256, 512, 1024...

—¿No sería más rápido darte un camello cargado de grano, y no perder tiempo contando? —preguntó el rey Selam, impaciente—. Pero, ya que lo has pedido...

Nuevos criados y nuevos sacos fueron necesarios para llenar la segunda fila de casillas, y los granos ya no cabían en la mesa.

—1024, 2048, 4096, 8192, 16384, 32768...

Al iniciar la tercera fila fueron precisos 65536 granos. Hacía mucho que el tablero desbordaba de granos. Las cifras se habían vuelto colosales, amedrantadoras. Numerosos criados seguían contando granos con afán, cuando las primeras luces de la aurora asomaron por oriente.

El rey dejó que continuaran y se acostó. Sus cortesanos le imitaron.

Días más tarde, cuando centenares de criados estaban ocupados en aquel trabajo, que constituía el colmo de la paciencia, el Gran Visir se presentó a Selam y le habló así:

—Poderoso señor de Oriente, no podemos complacer al anciano Sihisa, hijo de Kelat, porque no hay bastante trigo en todo vuestro reino.

El rey palideció al instante.

—¿Qué es lo que dices?

—No lo hay tampoco en todo el mundo, señor. Los matemáticos de la corte han calculado que no habría bastante trigo aunque la Tierra se sembrara año tras año. Mirad, señor, estas tablas.

El rey examinó las tablas sin entenderlas.

—Buscad a Sihisa, hijo de Kelat —alcanzó a articular—, y traedlo a mi presencia.

Pero el anciano de la barba blanca había desaparecido, y nadie ha vuelto a verlo jamás.

Y es que, para cumplir la petición del viejo Sihisa, hijo de Kelat, eran necesarios 18,5 trillones de

6. Juegos de reyes

granos de trigo. Si estimamos una cantidad de cien granos por centímetro cúbico, el volumen total del trigo pedido sería de casi doscientos kilómetros cúbicos, que habría que cargar en dos mil millones de vagones de tren, para lo que sería preciso un tren que diera mil vueltas completas a la Tierra. Una cantidad mucho mayor, naturalmente, que la que podían contener los graneros del rey.

Ignoramos qué pasó inmediatamente después. Quizá el rey entregó el poder al visir y se retiró, avergonzado por no poder cumplir su promesa.

7

Animales calculadores

La facultad de contar se ha detectado en primates, en ardillas, en ratas, en leones, en hienas, en loros, en cuervos, en ranas y hasta en buen número de insectos, sin ningún tipo de entrenamiento. Cuando además lo tienen, las capacidades de estos animales aumentan considerablemente.

A algunas especies se les puede enseñar a reconocer, o incluso a reproducir, secuencias de señales acústicas. A otras se las puede entrenar para que den tantos golpecitos como puntos ven en una determinada imagen.

Los chimpancés son capaces de seleccionar en un ordenador el número que corresponde a los plátanos que hay en una caja. En el instituto de Investigaciones con Primates de la Universidad de Kioto se enseñó a un chimpancé a identificar los números del 1 al 6, presionando la tecla adecuada de un ordenador cuando le mostraban un determinado número de objetos en la pantalla.

En otro experimento, en la Georgia State University de Atlanta, se adiestró a unos chimpancés para que utilizaran la pantalla y el *joystick* de un ordenador. En la pantalla aparecían un número y una serie de puntos, y los chimpancés debían relacionarlos. Uno de ellos, particularmente dota-

do, aprendió los números del 1 al 7. Otro logró llegar a contar hasta 6. Cuando se les volvió a examinar, tres años después, ambos chimpancés seguían siendo capaces de identificar los números, aunque la tasa de errores había aumentado.
Nuestro interés por la habilidad de contar de los animales no humanos es relativamente reciente, y tiene su origen en la historia de un caballo, Hans el listo.

Hans el listo

A finales de 1890, un profesor alemán de matemáticas de secundaria, llamado Wilhelm von Osten, adquirió la convicción de que la humanidad había subestimado en gran medida las habilidades de razonamiento y la inteligencia de los animales.
Para poner a prueba su hipótesis, dejó las clases y se encargó de enseñar a un gato, a un caballo y a un oso los principios de las matemáticas. «No puede ser más difícil que enseñar a los niños», pensaba.
Pero el gato era indiferente a sus esfuerzos, y el oso parecía francamente hostil. En cambio, Hans, el caballo árabe, demostró ser una auténtica revelación. A base de instrucción, aprendió a usar el casco para representar los números escritos en una pizarra.
Para el deleite de Von Osten, anotar un 3, por ejemplo, en la pizarra, ocasionaba un golpeteo de cascos por parte de su pupilo, una hazaña

7. Animales calculadores

que Hans podía repetir para cualquier número por debajo del diez.

Alentado por este éxito, Von Osten presionó a su alumno para que llegara más lejos. Expuso en su pizarra algunos problemas básicos de aritmética e intentó entrenar al caballo en el significado de los símbolos. Hans tenía capacidad de sobra para mantenerse al día con el plan de estudios, y pronto pudo proporcionar las respuestas correctas a una variedad de problemas, como raíces cuadradas y fracciones.

A partir de 1891, Von Osten empezó a exhibir a Hans el listo por toda Alemania, para difundir sus insólitas habilidades matemáticas. A medida que el espectáculo era conocido, atraía a multitudes cada vez mayores.

—Si el miércoles es el primer día del mes —preguntaba Von Osten a Hans, que parecía entender el alemán a la perfección—, ¿qué fecha es el lunes siguiente?

Hans daba seis golpes de casco.

—¿Cuál es la raíz cuadrada de dieciséis?

Hans golpeaba cuatro veces.

Von Osten también explicaba a las multitudes asombradas que, aunque Hans no pudiese hablar, era capaz de sustituir las letras del alfabeto por golpes, siempre que se tuviera en cuenta que un golpe equivalía a la letra A, dos golpes a la B, y así sucesivamente.

A continuación, Hans demostraba ese talento, deletreando los nombres de algunos presentes y respondiendo a preguntas simples.

También podía contestar cuando se le preguntaba por la hora. Pese a que cometía errores a veces, su promedio de aciertos era de un 89 %. Según estimaciones de la época, la comprensión matemática de Hans era equivalente a la de un niño de catorce años.

Naturalmente hubo muchos escépticos, sobre todo después de que el *New York Times* publicara en primera página un reportaje sobre la capacidad intelectual del caballo, al que consideraba un fraude. El Consejo alemán de Educación se sintió implicado, y pidió que se llevara a cabo una investigación independiente sobre las habilidades de Hans. Von Osten estuvo de acuerdo. Era un hombre de ciencia, después de todo, y sabía que por su parte no había engaño alguno.

Los miembros del Consejo reunieron a un variopinto grupo de personas, entre las que había dos zoólogos, un psicólogo, un entrenador de caballos, varios maestros de escuela y un director de circo.

Tras un concienzudo examen, la comisión concluyó en 1904 que no había engaño en las respuestas de Hans. Por lo tanto, el talento de este quedaba acreditado.

Solo Oskar Pfungst, un psicólogo con algunas ideas novedosas sobre cómo desentrañar el misterio, mantenía sus dudas.

Pfungst mandó levantar una gran carpa para aislar a Hans y albergar sus experimentos. A fin de recabar tantos datos como fuera posible, reunió una lista muy amplia de preguntas y pensó

7. Animales calculadores

en las diferentes variables que debían considerarse.

Como cabía esperar, Hans actuó muy bien cuando las preguntas le fueron planteadas por su propietario, von Osten. También recibió calificaciones muy altas por sus aciertos con otros interlocutores, cuando estos se encontraban a una distancia más o menos próxima. Pero, cuando Pfungst les pidió que se alejaran, sucedió algo curioso, y es que la precisión del caballo disminuyó.

Otras variables fueron más reveladoras. Cuando el interrogador desconocía las respuestas a las preguntas, la exactitud de las respuestas de Hans rozaba el cero. Y lo mismo ocurría cuando el interrogador permanecía totalmente oculto. Daba la sensación de que la habilidad del caballo dependiese de su capacidad para obtener una visión cercana y sin obstáculos de la persona que conocía la respuesta correcta.

Pfungst sufrió la desagradable experiencia de ser mordido por Hans, que reaccionaba con desagrado cuando se le acosaba con preguntas que no podía responder.

Pese a ello, continuó sus experimentos, ahora fijándose en las personas que interactuaban con Hans.

Inmediatamente, Pfungst reparó en que la respiración, la postura y la expresión facial de cada interrogador cambiaba de modo involuntario cada vez que sonaba un golpe de casco, y mostraba leves signos de tensión.

Cuando se daba el último golpe, presuntamente correcto, esa tensión desaparecía en un instante del rostro del interrogador, momento que Hans interpretaba como una señal para detenerse. Pfungst advirtió también que la tensión estaba ausente cuando el interrogador desconocía la respuesta correcta, lo que dejaba a Hans sin referencias.

Aunque el experimento pareció demostrar que el caballo carecía de una comprensión real de las matemáticas, puso de relieve algo no menos extraordinario, y es que Hans era enormemente receptivo a las señales sutiles e inconscientes que le transmitían sus interrogadores humanos.

Una vez que advirtió estas señales, Pfungst fue capaz de rivalizar con la precisión de Hans, poniéndose en su lugar, fijándose en el lenguaje corporal de los interrogadores y anticipando las respuestas del caballo.

Es más, descubrió que los interrogadores eran incapaces de contener o suprimir esas señales, incluso cuando se les advertía.

Posteriormente se ha comprobado que muchos animales son sensibles a las señales de sus amos humanos, y se especula con la idea de que los caballos pueden poseer una mayor sensibilidad al lenguaje corporal discreto, tal vez como resultado de sus interacciones sociales con otros caballos.

Hoy en día, el término *efecto inteligente de Hans* se utiliza para describir el influjo de las señales sutiles y no intencionadas de un interrogador sobre los sujetos de experimentación, tanto animales como humanos.

Wilhelm von Osten nunca aceptó la explicación de Pfungst, por lo que él y su caballo reanudaron su espectáculo de matemáticas y lenguaje corporal por toda Alemania. Como en la etapa anterior, el público siguió mostrándose entusiasta. Aunque Hans el listo podía no saber nada de matemáticas y debía tener escasos conocimientos de alemán, su capacidad de engañar a tanta gente durante tanto tiempo lo convierte, cuando menos, en un animal de gran astucia.

Como solía decir Pfungst:

—Teniendo en cuenta sus dotes para distinguir los signos más sutiles en la expresión de los seres humanos, Hans habría sido un excelente jugador de cartas.

El contador de pasos de las hormigas

Hace cien millones de años, como consecuencia de la proliferación de las plantas con flores, las hormigas se diversificaron en numerosas especies.

Una de ellas, la hormiga del desierto del Sáhara, atraviesa enormes extensiones de terreno arenoso en busca de alimentos, bajo un sol abrasador y muchas veces sin ningún tipo de punto de referencia.

Dada la alta temperatura del lugar, estos insectos prefieren regresar a su nido utilizando una ruta directa, que les permita estar menos tiempo expuestos, sin necesidad de rehacer con precisión el camino titubeante del que se sirvieron a la ida.

No solo pueden orientarse gracias a la luz solar, y abreviar el itinerario recorrido a la ida, siguiendo las líneas más cortas, sino que da la impresión de que han sido capaces de construir una suerte de ordenador, una especie de podómetro o cuentakilómetros, que cuenta sus pasos y les permite medir distancias con enorme precisión.

Una hormiga puede llegar a recorrer cincuenta metros hasta encontrar un insecto muerto. Arranca un trozo y lo lleva sin dudar al hormiguero, al que se accede por un agujero, en ocasiones menor de un milímetro de diámetro.

Manipulando la longitud de las patas de las hormigas para hacer que sus pasos sean más largos o más cortos, un equipo de investigación formado por científicos alemanes y suizos demostró, en 2009, que las hormigas disponen de un sistema interno, que registra el número de pasos dados, para calibrar la distancia.

Después de que las hormigas hubieron salido del nido y alcanzado su destino, se alargó el tamaño de sus patas con una especie de zancos, o se acortó mediante una amputación parcial. A continuación, los investigadores soltaron a los insectos, para que pudieran comenzar su regreso al hormiguero.

Las hormigas con las patas alargadas caminaron demasiado y dejaron atrás la entrada del hormiguero, mientras que a las que se les habían acortado las patas les costaba mayor esfuerzo alcanzarlo.

Solo cuando las hormigas del desierto realizaban el viaje completo, es decir la ida y la vuelta, con las patas modificadas, no tenían ningún problema para medir correctamente las distancias, y siempre sabían volver a casa.

8
Historias de matemáticos

LA LEYENDA DE HIPATIA

Hipatia, que vivió entre los años 370 y 415, fue la primera matemática de la historia de la humanidad de la que tenemos datos razonablemente detallados. Hija y discípula del astrónomo Teón, se crio y se educó en una ciudad, Alejandría, en cuya biblioteca se había reunido todo el saber de su tiempo, y en la que habían vivido el geógrafo Eratóstenes (276-194 a. C.), que descubrió la curvatura de la Tierra; Hiparco (190-120 a. C.), que ordenó el mapa de las constelaciones y estimó el brillo de las estrellas; Euclides (325-265 a. C.), que sistematizó de modo brillante la geometría y que en cierta ocasión le dijo a su rey, contrariado ante un problema matemático, que la geometría no contaba con un camino especial para los reyes; Apolonio de Pérgamo (262-190 a. C.), el matemático que demostró las formas de las curvas que siguen en sus órbitas los planetas, los cometas y las estrellas; Arquímedes (287-212 a. C.), un extraordinario genio mecánico que estudió los

cuerpos flotantes y dio con una aproximación extremadamente precisa del número pi, y el astrónomo y geógrafo Tolomeo (100-168), cuya reputación era tal nadie se atrevió a discutir su errónea concepción de un universo centrado en la Tierra hasta 1500 años después.

Hipatia se consideraba a sí misma neoplatónica, pagana y seguidora de las ideas pitagóricas. Escribió sobre geometría, álgebra y astronomía. Mejoró el diseño de los primitivos astrolabios, instrumentos para determinar las posiciones de las estrellas en la bóveda celeste, e inventó un densímetro.

Entre sus trabajos encontramos comentarios a la *Arithmetica* de Diofanto (200-284). Hipatia se dedicó a la enseñanza y se había granjeado la admiración de sus discípulos. Cuando le preguntaron por su decisión de no casarse y por su obsesión por las matemáticas, contestó que ya estaba casada con la verdad.

Los cristianos, que rechazaban sus afirmaciones platónicas acerca de la naturaleza de Dios y de la vida después de la muerte, fueron sus más duros rivales filosóficos, en particular el patriarca Cirilo, que veía en ella a una de las máximas figuras del paganismo que se resistía a desaparecer, y temía su influencia presuntamente corruptora.

Un cálido día de marzo del año 415, una multitud de cristianos fanáticos asaltó su carruaje, la desnudó y le arrancó la carne de los huesos con conchas marinas. Luego quemaron los despojos. Es posible que la asesinaran simplemente porque no entendían su dedicación a la razón y a la ciencia, ni su claro mensaje de libertad de pensamiento y tolerancia. Hasta después del Renacimiento no hubo otra mujer, Maria Agnesi, que destacara en las matemáticas.

La famosa biblioteca de Alejandría, que ya había corrido grandes peligros, fue incendiada poco después de su muerte. Buena parte de los tesoros de la cultura clásica desaparecieron entonces.

Siglos más tarde surgió la leyenda del fantasma de una mujer muy hermosa, vestida de blanco, que, en un lugar u otro del mundo, alertaba a los propietarios, estudiosos o mantenedores de pequeñas o grandes bibliotecas de la inminencia de un incendio, y así ayudaba a salvarlas.

El relato empezó a circular en las bibliotecas de los monasterios medievales, y continuó en las de los ilustrados. Se cuenta que, gracias a su advertencia, Voltaire pudo salvar la suya, y lo mismo le ocurrió a Goethe, que llegó a verla en su dormitorio, llamándole a gritos para que despertase. Goethe, precisamente, le dedicó un poema como agradecimiento por salvar sus libros, manuscritos y dibujos.

Pero su papel como salvadora de libros no siempre ha tenido éxito. No pudo salvar la biblioteca de Jack London, que se quemó completamente en agosto de 1913, porque el autor estaba demasiado borracho para despertarse También fracasó en el caso de Aldous Huxley, que se encontraba dando su habitual paseo vespertino por las colinas del norte de Hollywood cuando ocurrió el incendio de la suya, en mayo de 1961. El novelista regresó apresuradamente, entró en la biblioteca desafiando las llamas y llegó a entrever a una mujer fantasmal, que le entregó el manuscrito de su última novela, *La isla*, antes de desaparecer en el fuego. Cuando los bomberos llegaron, veinte minutos más tarde, era imposible salvar la casa.

RAMANUJAN

En enero de 1913, el matemático G. H. Hardy, que por entonces enseñaba en el Trinity College de Cambridge, recibió una carta con un contenido increíble. El autor era un joven indio, Srinivasa Ramanujan, que, pese a no haber recibido una educación formal en matemáticas puras, le enviaba unos teoremas y unos resultados matemáticos extraordinarios, de una audacia infinita.

Costaba creer que fuese obra del propio remitente, pero, al mismo tiempo, tampoco cabía la posibilidad de que fuese la obra de otro. Algunos teoremas en concreto debían ser ciertos, porque sencillamente nadie podía tener imaginación suficiente para inventarlos.

También Hardy había sido, en sus más tempranos comienzos, un genio autodidacta. A los dos años ya escribía números superiores a los dos millones. Pero la historia de su infancia desahogada no podía competir con la de Ramanujan, que por motivos económicos ni siquiera había podido terminar los estudios universitarios, y había subsistido en la pobreza extrema, en condiciones insalubres y al borde de la inanición.

Hardy empezó de inmediato a planificar el viaje de Ramanujan desde Madrás, en el sur de la India, a la Universidad de Cambridge. Al principio, Ramanujan se resistió a salir de su país, pero acabó cediendo. Por lo visto, su madre había soñado que la diosa de la familia le ordenaba no postergar más la realización de la obra de su hijo.

En realidad, Hardy y Ramanujan eran completamente distintos. El primero era ateo y metódico, y defendía la demostración y el rigor matemático. El segundo era vegetariano, tremendamente intuitivo y tan religioso que tenía a todas las religiones por verdaderas.

Al lado de Ramanujan, hasta el prosaico Hardy notaba en su interior la tentación de creer.

—No creo en la sabiduría inmemorial de Oriente —le dijo una vez a Ramanujan—, pero creo en ti, quién sabe por qué.

El indio sentía que un ser superior, su diosa familiar, le susurraba al oído fórmulas que resolvían problemas imposibles. Hardy, fascinado por su talento natural, procuraba reconstruir el camino por el que alguien sin la inspiración de Ramanujan, como él mismo, pudiese llegar a idénticas conclusiones.

Como Mozart o Beethoven hicieron con la música, Ramanujan tenía la capacidad de hacer brotar fórmulas y ecuaciones insospechadas, que servían para explicar la naturaleza y entender el mundo.

Sus logros y el apoyo de Hardy le llevaron a convertirse en el segundo indio en ingresar en la Royal Society y en el primero en ser miembro del claustro del Trinity College. Por desgracia, no llegaría a disfrutar lo suficiente de esos honores. A menudo se encontraba enfermo. Se le diagnosticó tuberculosis y una deficiencia vitamínica grave, acaso empeorada por la escasez de comida vegetariana durante la guerra.

«Recuerdo haber ido a verle una vez cuando estaba enfermo, en un hospital de Putney —escribió Hardy en su libro *Autojustificación de un matemático*—. Había hecho el viaje hasta allí en un taxi de matrícula número 1729. Le comenté que el número me parecía bastante aburrido y que esperaba que no fuera un presagio desfavorable. "No", me respondió de inmediato, visiblemente animado, "es un número muy interesante. Es el número más pequeño que puede expresarse como la suma de dos cubos de dos maneras diferentes"».

En 1919, Ramanujan volvió a la India, y al año siguiente murió. Tenía solo 32 años.

En su último sueño, imaginó que la diosa familiar le invitaba a adentrarse en un bosque de números.

El matemático que nunca existió

En 1957, la revista *Scientific American* publicó un artículo destacando la obra de Nicolas Bourbaki, de quien decía: «Su nombre es griego, su nacionalidad francesa o, como pretenden sus admiradores, poldava, y su historia curiosa. Es uno de los matemáticos más influyentes del siglo XX. Sus trabajos se leen y citan extensamente en todo el mundo. Tiene fervientes partidarios y acérrimos detractores en cualquier grupo de matemáticos que se reúna. Sin embargo, el hecho más extraño sobre él es que no existe».

El autor no se equivocaba. Nikolas Bourbaki, que al no existir como persona carece de edad real, es el seudónimo de un grupo de jóvenes y brillantes matemáticos, la mayoría franceses, creado a mediados de los años treinta del pasado siglo.

La actitud de los fundadores del grupo respondía a un sentimiento de frustración por el precario estado de las matemáticas en Francia. En efecto, a principios del siglo XX la matemática francesa había pasado por una época de brillantez. Excelentes matemáticos, como Henri Poincaré y Émile Picard, se hallaban en su plenitud científica.

Sin embargo, tras la Primera Guerra Mundial se había producido un declive progresivo de las matemáticas y de otras disciplinas científicas, a causa del gran número de matemáticos caídos en el frente. Una generación entera había sido diezmada. Los alemanes, en cambio, habían tomado medidas para salvaguardar a las élites de sus jóvenes científicos de la matanza, destinándolos a puestos alejados del frente.

Varios profesores, antiguos alumnos de la Escuela Normal Superior, que enseñaban en uni-

versidades de provincias y estaban obligados a trabajar con viejos textos que no les satisfacían, se reunieron por primera vez en 1934 en una cervecería de París, a fin de empezar a redactar un trabajo de análisis matemático, tan moderno como fuera posible. Pronto surgieron nuevos temas, y una cosa llevó a la otra.

De común acuerdo decidieron agruparse bajo el nombre de Bourbaki, un desafortunado general francés de origen griego, de la época de Napoleón III, que en 1871 sufrió una humillante derrota a manos del ejército alemán. Eso le había obligado a retirarse atravesando Suiza, donde sus tropas habían sido desarmadas.

Parece ser que el general Bourbaki intentó incluso suicidarse, pero la bala, debido a un fallo de su pistola, solo le rozó el cráneo. El espíritu antimilitarista que reinaba por entonces entre los matemáticos les animó a ponerse bajo la tutela de un general conocido como artífice de una retirada poco gloriosa.

Desde el principio intentaron mantener la ficción de que el nuevo Nicolas Bourbaki era un matemático poldavo, esto es, nativo del imaginario y desdichado país llamado Poldavia, y de que era autor de dos teoremas, primer y segundo teoremas de Bourbaki, cuya mera exposición dejaba atónito a todo el mundo. Encargaron a un compañero que escribiera un artículo sobre la obra del matemático desconocido, y empezaron a firmar sus trabajos colectivos con ese nombre.

Bromas aparte, su trabajo científico era muy serio. Bourbaki se hizo responsable de la publi-

8. Historias de matemáticos

cación de un monumental tratado en muchos volúmenes que, con el título de *Eléments de Mathématique*, tenía como objetivo la exposición, de forma sistemática y rigurosa, de las nociones y herramientas básicas para el desarrollo de toda la matemática. El título mismo de la obra, con la palabra matemática en singular, revelaba la intención de poner de manifiesto la idea de que, antes de Bourbaki, la matemática era un conjunto mal hilvanado de disciplinas, y que solo a partir de entonces la profunda unidad de todas las ramas y especialidades se haría visible.

En 1948, Nicolaides Bourbaki, agregado comercial de la embajada de Grecia en París y descendiente del auténtico general, concertó una cita con algunos miembros del grupo y manifestó un profundo desgrado por la utilización del nombre de su antepasado, que se le antojaba una burla. Para templar su enojo, no hubo más remedio que convertirle en miembro honorario del grupo e invitarle a las cenas del congreso Bourbaki, que tenía lugar cada año.

El impacto de la obra de Nicolas Bourbaki ha sido enorme, y desde los años cincuenta del siglo pasado puede decirse que su exigencia de rigor ha sido universalmente aceptada en matemática, así como el estilo particular con que se expresan en sus libros. El éxito, por desgracia, hizo innecesaria la continuación de su obra, ya que desde 1960 todos los textos matemáticos se redactan siguiendo sus exigencias.

Por esa razón, el 11 de noviembre de 1968, los diarios de París publicaron la noticia del triste fallecimiento de Nicolas Bourbaki, matemático de prestigio, oriundo de la legendaria y desdichada nación de Poldavia. Se alentaba a sus seguidores, «algebraicamente constituidos», a rezar en sus casas.

* * *

¿Quién es el matemático más grande de todos los tiempos? Sin duda, Isaac Newton. Claro que no era solo un matemático, sino un científico en el sentido más amplio.

Como se ha contado a menudo, fundó las matemáticas superiores después de elaborar el cálculo. Fundó la óptica moderna mediante sus experimentos de descomponer la luz en los colores del espectro. Fundó la física moderna al establecer las leyes del movimiento y deducir sus consecuencias. Fundó la astronomía moderna, estableciendo la ley de la gravitación universal. Y escribió *Principia Mathematica*, en latín, que según la mayoría de los científicos es el libro científico más importante jamás escrito.

Hasta Albert Einstein, que en cierto modo lo corrigió, tuvo la clarividencia de admitirlo:

«Newton, perdóname —escribió en sus *Notas autobiográficas,* saltándose los siglos que los separaban—. Tú encontraste el único camino posible, en tu tiempo, para un hombre dotado de increíble capacidad intelectual y creativa. Los conceptos que tú creaste siguen dominando nuestra

8. Historias de matemáticos

Entre los descubrimientos del físico, matemático y filósofo inglés Isaac Newton (1647-1727) se encuentran el cálculo diferencial e integral, que él llamó el cálculo de fluxiones; las tres leyes fundamentales de la dinámica y la ley de gravitación universal. En la imagen, retrato del científico, en un grabado del siglo XVIII.

forma de pensar, aunque ahora sabemos que debemos sustituirlos por otros más alejados de la esfera de la experiencia inmediata. Es la única forma de llegar a una comprensión más profunda de la forma en la que se interrelacionan todas las cosas».

9
Números en el espacio

Pese a que, de vez en cuando, la Agencia Estadounidense del Espacio y la Aeronáutica, más conocida como NASA, confirma que Encélado, la sexta luna de Saturno, o cualquier otro lugar del sistema solar o de fuera de él, puede albergar vida, lo cierto es que hasta ahora no tenemos ninguna evidencia de ello, y menos aún de que civilizaciones extraterrestres hayan intentado comunicarse con nosotros.

Pese a ello, personas como el astrónomo e investigador de los ovnis, objetos voladores no identificados, J. Allen Hynek, han imaginado una secuencia de aproximación a esos objetos, en la cual la primera fase implica el avistamiento de uno o más ovnis; la segunda, la observación de un ovni junto a la evidencia física de su aterrizaje, y, la tercera, la interacción superficial con seres vivos no terrestres. La fase cuarta implica una relación más profunda, de un tipo que no alcanzamos a imaginar.

En 1977 se estrenó *Encuentros en la tercera fase*, película dirigida por Steven Spielberg. En ella se nos cuenta que un grupo de científicos de todo el mundo, encabezados por el francés Claude Lacombe, ha encontrado en varios continentes

pruebas de que los alienígenas utilizan cinco notas musicales para comunicarse con los habitantes de la Tierra.

Dispuestos a recibir a los visitantes, los científicos preparan una gigantesca pista de aterrizaje en Wyoming, Estados Unidos, junto a una montaña alta, de cumbre plana, llamada la Torre del Diablo.

Una flotilla de naves pequeñas y luminosas sobrevuela la pista. Tras ellas aterriza la inmensa nave madre, que parece oscurecerlo todo.

Hay una enorme expectación. El ejército ha acordonado la zona y detenido y expulsado a los curiosos.

—¡Adelante con esas notas! —pide Lacombe.

Suenan las cinco notas, y al cabo de un momento que parece eterno los extraterrestres les contestan.

—Parece —comenta un científico— como si intentaran enseñarnos un vocabulario musical básico.

—Es el primer día de clase, amigo —dice Lacombe—. Repetid todo lo que nuestros visitantes tocan, para que vean que sabemos seguirles.

Durante unos diez minutos, científicos y extraterrestres forman un extraño dúo musical, que va cambiando de ritmo y de volumen hasta que los visitantes callan y la nave despega en silencio.

Tras estrenar su película, a Spielberg le preguntaron cómo se le había ocurrido lo de la comunicación mediante la música.

«Las matemáticas —respondió— podrían ser una manera de comunicarnos con otras especies

de fuera de nuestro planeta. Pero las matemáticas, además, son la base de la música. Eso es evidente en la disposición de las notas, en los acordes, en el ritmo, en la métrica... Me pareció una buena idea hacer que los extraterrestres usasen unas matemáticas musicales, y que unos y otros empezaran a comunicarse entre sí a través de luces, colores y notas».

Para establecer ese tipo de comunicación ni siquiera es necesario que los alienígenas vengan a visitarnos. Pueden emitir desde los lugares donde se encuentren. Desde finales de los años treinta del pasado siglo existen los radiotelescopios, grandes reflectores o espejos parabólicos, distribuidos por todo el mundo, que pueden captar ondas de radio o radioondas emitidas por galaxias remotas hace miles de millones de años.

Piensan los radioastrónomos que, algún día, uno de ellos experimentará la satisfacción de recibir el primer mensaje procedente de seres inteligentes radicados en otro planeta o en otra estrella. Pero ¿cómo les entenderemos? Después de estudiar el problema, los expertos han concluido que el tipo de mensaje con mayor probabilidad de tener sentido para cualquier forma de vida inteligente, en cualquier parte, sería matemático. Seres extraterrestres podrían transmitir un simple fragmento de aritmética, por ejemplo, y seguir repitiéndolo como una señal de llamada.

«Bip, bip bip, bip bip bip» podría significar «Uno, dos, tres». «Punto, raya, punto, pausa,

punto, punto» podría significar «Uno más uno igual a dos». Una vez que se hubieran captado y reconocido los signos sencillos, se podrían intercambiar grupos enteros de hechos matemáticos y de fórmulas, a fin de establecer un vocabulario básico para una comunicación posterior.

En todo el mundo, los radioastrónomos están dirigiendo ahora mismo sus radiotelescopios hacia las estrellas remotas, a fin de escuchar sonidos de significado matemático o musical, que nos sirvan para demostrar la existencia de seres inteligentes fuera de la Tierra.

La importancia de este empeño pone de manifiesto una cualidad de las matemáticas, y es que constituyen un lenguaje universal. En principio, diez más diez es igual a veinte, tanto si se escribe con números arábigos, $10 + 10 = 20$, como si se escribe con números romanos, $X + X = XX$.

¿Y la geometría? Un círculo es siempre un círculo y su circunferencia se calcula siempre de la misma manera, sin importar dónde se encuentre. Lo mismo vale para cualquier otra figura geométrica como triángulos, cuadrados o rectángulos. Cierto que hay geometrías no euclideanas, cuyos postulados y propiedades difieren en algún punto de los establecidos por Euclides, pero cabe esperar que esas geometrías distintas también serán entendidas y acaso compartidas por civilizaciones extraterrestres.

9. Números en el espacio

UN MENSAJE EN UNA SONDA ESPACIAL

En 1972, el astrónomo y divulgador científico Carl Sagan, guionista y presentador de la serie *Cosmos, un viaje personal*, pidió a la NASA que incluyera en las sondas espaciales Pioneer 19 y Pioneer 11, que estaban a punto de ser lanzadas al espacio para explorar Júpiter y Saturno, unas placas escritas con un lenguaje simbólico, que informaran a una posible civilización extraterrestre sobre el ser humano y su lugar de procedencia, la Tierra.

La NASA aceptó, y las placas fueron diseñadas por Sagan. El mensaje lanzado al océano cósmico contenía la imagen de la propia sonda, con el único fin de dar una proporción a las dos figuras humanas dibujadas, una femenina y otra masculina. Había también imágenes del sistema solar, de los planetas ordenados según su distancia al Sol y de nuestra posición en él.

Como había poco tiempo para completar la placa, y temía que la NASA rechazara un dibujo más exacto de las partes íntimas de la pareja, Sagan optó por simplificarlas. Con las prisas desaparecieron también los ombligos, que en una fase posterior fueron recuperados y añadidos.

En 1977, con motivo del lanzamiento de las sondas especiales Voyager, hubo otra oportunidad para lanzar un mensaje interplanetario. Esta vez se recurrió a un disco de gramófono, con sonidos e imágenes que retrataban la diversidad de la vida y la cultura en la Tierra. La idea era dar cuenta de la vida en nuestro planeta a algu-

$$\begin{pmatrix} x \\ y \\ z \end{pmatrix} = \begin{pmatrix} 15 & 8 & 3 \\ 9 & 5 & 2 \\ 5 & 3 & 1 \end{pmatrix} \cdot \begin{pmatrix} 1 \\ 18 \\ -52 \end{pmatrix} = \begin{pmatrix} 3 \\ -5 \\ 7 \end{pmatrix}$$

$$\begin{pmatrix} a_{11} & a_{12} & a_{13} & a_{14} \\ a_{21} & a_{22} & a_{23} & a_{24} \\ a_{31} & a_{32} & a_{33} & a_{34} \\ a_{41} & a_{42} & a_{43} & a_{44} \end{pmatrix}$$

$$\begin{cases} 3x - 2y + z = 20 \\ x + 3z = 14 \\ y - z = -4 \end{cases}$$

$$\begin{cases} a_{11}x + a_{12}y + a_{13}z = c_1 \\ a_{21}x + a_{22}y + a_{23}z = c_2 \\ a_{31}x + a_{32}y + a_{33}z = c_3 \end{cases}$$

$$\begin{cases} x + y + z = 3 \\ x - y + z = 1 \\ x - 2y = 2 \end{cases}$$

En la imagen, ecuaciones algebraicas.

na posible forma de vida extraterrestre que lo encontrase, y que además tuviera la capacidad de leer, entender y descifrar el disco.

El disco enviado ofrece una amplia miscelánea: saludos en 56 idiomas, incluyendo algunos desaparecidos como el sumerio; ruidos de animales; imágenes de volcanes, de bosques, de lluvia, de elefantes, de besos; músicas de diferentes culturas, desde Bach a Chuck Berry; ondas cerebrales; la estructura del ADN; definiciones químicas y operaciones matemáticas, desde las más simples, como sumas y restas, hasta las más complejas. No podía faltar, evidentemente, el número pi.

Como las sondas son muy pequeñas comparadas con la inmensidad del espacio interestelar, la probabilidad de que una civilización extraterrestre se encuentre con ellas es muy pequeña, sobre todo porque, con el tiempo, las sondas dejarán de emitir cualquier tipo de radiación electromagnética.

En cualquier caso, el momento más probable ocurrirá dentro de 40 000 años, cuando la trayectoria de la Voyager 1 pase por la estrella más cercana.

Ojalá pudiéramos ver el cambio de expresión, si la hay, del ser extraterrestre en cuestión, al encontrarse el valor numérico de pi, del que solo hemos enviado sus diez primeras posiciones decimales. ¿Se burlará de nuestra insuficiencia, o se pondrá a seguir calculando?

APÉNDICE
Las matemáticas

Las matemáticas aparecieron en diferentes lugares y épocas, por la necesidad de llevar cuentas y medir tierras. Hoy constituyen un lenguaje universal. Están presentes en todos los campos del conocimiento científico y desempeñan un papel incalculable en física, química, astronomía, biología, economía, sociología e ingeniería. Las matemáticas pueden usarse para explicar los colores del amanecer o la estructura cerebral. Nos ayudan a construir naves espaciales y a comprender la estructura del cosmos, a simular los vientos y las corrientes, la deforestación de la Amazonia y el cambio climático, a explorar las partículas subatómicas y las galaxias más remotas.

Algunos físicos han llegado a jugar con la idea de que una mejor comprensión de la topología, que es el estudio de las formas y de las relaciones entre ellas, podría llegar a ayudarnos a escapar de nuestro universo, cuando llegue el fin de este, a causa del deterioro medioambiental, del exceso de frío o del exceso de calor, y a navegar por un espacio de cuatro dimensiones, que es el espacio tiempo.

La historia de las matemáticas es larga y prodigiosa. De los cuentos y leyendas posibles, hemos seleccionado unos cuantos. Podrían ser muchos más, pero creemos que todos los que se incluyen

merecen figurar en cualquier antología de temas matemáticos.

La invención de los números

El relato de «El bastón de Ishango», cuya significación real aún se desconoce, es apenas un apunte, una viñeta que nos ayuda a atisbar los primeros balbuceos científicos de los humanos y su pasión por la medición y el cálculo.

La historia de los azande («Al principio no había números») sobre la avispa alfarera, los números y el reloj de sol procede de la vasta mitología africana. Es un cuento típico sobre los primeros tiempos, cuando los hombres aún éramos demasiado torpes y los animales tenían que ayudarnos para recuperar el fuego o interceder por nosotros ante los dioses.

«La niña que convirtió los guijarros en números» es una variación de un relato de Rudyard Kipling (1865-1936), titulado «Cómo se escribió la primera carta» e incluido en la antología *Solo cuentos*. Trata de una niña muy ingeniosa, Akala, que imita las huellas de los pájaros en la arena de la playa para dibujar los primeros guarismos. Cabe suponer, pero el relato no lo dice, que su padre y el resto de la tribu cavernícola la imitarán y poblarán las paredes de la cueva de huellas estrelladas.

«Los pájaros que silbaban los números» está inspirado en el cuento «Uno, dos, tres, cuatro», del libro *Cuando el mundo era joven todavía* del escritor suizo Jürg Schubiger (1936-2014). En el nuestro, a diferencia del original, los pájaros matemáticos desaparecen, y el protagonista, que tiene reputación de fabulador, los busca desesperadamente para demostrar que existieron.

El orden de los números

«La torre del dios Tot» habla de este inquieto dios egipcio, inventor de números y de palabras y creador de varios tipos de escritura, que inspiró a dioses de otros imperios para hacer lo mismo. La numeración romana, que deriva del alfabeto latino, tiene algunos inconvenientes, como la excesiva extensión de algunas cifras. En «Una simplificación necesaria», el alumno Minucio Rufo idea una manera de reducir esa extensión, mientras su profesor de matemáticas, Quinto Livio, da una cabezada en clase. La India ha dado al mundo al menos dos contribuciones matemáticas extraordinarias, la notación posicional, en la que la posición de cada dígito en una sucesión de números indica su valor, y el cero como símbolo necesario. En «La leyenda del cero», Gautama Buda tiene la revelación de ese número, pero teme no ser entendido y la guarda para sí. Un historiador de las matemáticas, Amir Aczel, persigue la primera representación del cero en una piedra, en el relato «En busca del cero».

Instrumentos matemáticos

En este capítulo se habla de diferentes medios que las personas han utilizado, además de la escritura,

para contar, medir y retener los datos («Nudos, quipus y ábacos») y en «Concurso de velocidad», basado en un hecho real, se cuenta la historia de la competición que el 12 de noviembre de 1946 enfrentó a Kiyoshi Matsuzaki, del ministerio japonés de comunicaciones, que usaba un ábaco tradicional o sorobán, con una calculadora electromecánica, manejada por el estadounidense Thomas Nathan Wood, de la armada de ocupación de Estados Unidos, y en el que el ábaco se impuso en cuatro de las cinco pruebas. Para aumentar el interés de la historia, el funcionario del ministerio ha sido sustituido por un estudiante de secundaria, llamado Gaikokugo Gakko.

Números mágicos

Pitágoras y sus seguidores adoraban a los números como si fuesen dioses. Creían que podían comunicarse con ellos, en una especie de contacto telepático, y les atribuían cualidades mágicas y poderes extraordinarios. En «Pitágoras y las habas» se refieren algunas de esas propiedades.

«Tres, siete y trece» trata de las supersticiones de que son objeto algunos números, como el tres, el siete y el trece. El temor a este último tiene un nombre propio, triscaidecafobia.

«Los siete bogatirs» es un cuento de esa vieja Rusia a la que casi nadie recuerda ya, en el que la protección del número siete no sirve de nada para evitar la proliferación del enemigo, que se multiplica a golpe de espada.

Apéndice

Cálculos geométricos

«El misterioso número pi» se refiere a la constante matemática más famosa de nuestro planeta y a sus cifras infinitas, que seguimos completando y para las que no hemos encontrado un patrón ordenado.

«La cuadratura del círculo» trata de la audacia de un tal Goodwin, que un buen día decidió que él tenía razón, y no Arquímedes. Respaldado por la cámara de Representantes de la Asamblea General de Indiana, estuvo a punto de conseguir imponer su criterio.

«El papiro Rhind» es acaso el más famoso de los papiros matemáticos de Egipto. Uno de los problemas que propone, el relativo a unos gatos, es muy parecido a una canción inglesa actual.

Juegos de reyes

En «El juego real de Ur» se cuenta la historia de un juego de mesa antiquísimo, expuesto en el Museo Británico, cuyas reglas nadie conoce, salvo un chico pelirrojo de mente despierta, que no ve en ellas ninguna dificultad.

«Tres en raya» narra la evolución del que es, acaso, el más popular y primitivo de los juegos.

Una de las leyendas más conocidas es la de la invención del ajedrez, que se cuenta en todos los países de Oriente. Las versiones difieren en los nombres de los protagonistas, pero en todas ellas figura la misma petición, la de multiplicar por dos el número de la casilla precedente, una petición que nadie ha conseguido ni conseguirá nunca cumplir. Una sucesión de números como esta, en la que cada uno es un múltiplo fijo del anterior, se llama progresión geométrica, y el proceso se denomina crecimiento exponencial. Se ha calculado que, si el ajedrez hubiera sido inventado con 100 casillas en vez de con 64, la deuda en granos de trigo del rey Selam habría pesado tanto como la Tierra.

Animales calculadores

El interés por la facultad de contar de los animales es relativamente reciente, y tiene su origen en la controvertida historia de Hans el listo, el caballo calculador, que ocurrió a finales del siglo XIX. Intrigado por las habilidades de Hans, que parecía capaz de multiplicar, dividir, restar números de dos cifras e incluso de hacer operaciones con fracciones, el Consejo alemán de Educación lo sometió a un concienzudo examen, que dio como resultado un hecho cuando menos intrigante: la persona que hacía la pregunta tenía que conocer previamente la respuesta, para que el caballo pudiese darla.

Y es que lo que Hans hacía realmente era responder a señales no verbales, como un movimiento ligero de la cabeza o cierto enderezamiento de la espalda de su interlocutor, cuando se acercaba a la respuesta correcta.

En «El contador de pasos de las hormigas» se describe la capacidad de las hormigas del desierto *(Cataglyphis fortis)*, para volver a sus nidos sin ne-

Apéndice

cesidad de reproducir miméticamente el itinerario de ida, esto es, abreviando el recorrido para permanecer el menor tiempo posible bajo las altas temperaturas del exterior.

Para ello disponen de una especie de podómetro o cuentakilómetros interno, que les permite llevar la cuenta de los pasos dados.

Historias de matemáticos

Hipatia fue la primera mujer matemática de la historia. En «La leyenda de Hipatia» se cuentan sus logros matemáticos y el papel que se le atribuyó tras su trágica muerte, como protectora de los libros y las bibliotecas.

Ramanujan fue un matemático indio excepcionalmente brillante, de corta vida, que creía que una diosa le susurraba al oído fórmulas imposibles.

«El matemático que nunca existió» narra la pintoresca historia de Nicolas Bourbaki, un general fracasado, que tuvo una segunda existencia más provechosa cuando, invocado por un grupo de jóvenes franceses, se reencarnó como matemático.

Números en el espacio

Este último capítulo versa sobre nuestra eventual comunicación con los seres extraterrestres, y habla de las posibilidades de relacionarnos con ellos mediante las matemáticas y las formas musicales. En

«Un mensaje en una sonda espacial» se especula con la reacción de esos extraterrestres cuando, dentro de unos 40 000 años, reciban el disco gramofónico de las sondas Voyager, que les enviamos en 1977. ¿Podrán encontrar un gramófono en las estrellas para escucharnos cuando ya no estemos?

Vicente MUÑOZ PUELLES

Otros títulos de esta serie

Isis quiere arrebatarle a toda costa el poder a Ra; Osiris y luego Horus se enfrentan a Set, el cruel dios rojo; Kunapup, el campesino, e Ipuver, el sabio, desafían al faraón... Dioses todopoderosos y magos, faraones designados por el cielo, sacerdotes, escribas y valientes campesinos son los protagonistas de estas historias del país del Nilo, el río divino.

Para expiar sus crímenes, Hércules es condenado a llevar a cabo doce trabajos forzados: Matar al león de Nemea y a la hidra de Lerna, hacerse con el cinturón de la reina de las Amazonas, e incluso amaestrar a Cerbero, el perro guardián de los Infiernos... La alianza de fuerza, astucia y temeridad hacen de Hércules uno de los más célebres personajes mitológicos.

Orfeo, Antígona, Teseo, Perseo, Edipo, Paris, Aquiles, Ulises, héroes que, aunque actúan con la complicidad de los dioses, conservan las debilidades humanas. De Perseo, que logró vencer a Medusa, a Ulises, el astuto, pasando por los héroes de la guerra de Troya, estas historias tomadas de la mitología clásica rebosan de personajes cuya generosidad o audacia les llevaron a realizar proezas ejemplares.